SAVRŠENA KUHARICA ZA VEGANSKU FRITEZU

100 brzih i jednostavnih, zdravih obroka za vašu fritezu

PETRA MATIĆ

Materijal autorskih prava ©2023

Sva prava pridržana

Nijedan dio ove knjige ne smije se koristiti ili prenositi u bilo kojem obliku ili na bilo koji način bez odgovarajućeg pisanog pristanka izdavača i vlasnika autorskih prava, osim kratkih citata korištenih u recenziji. Ovu knjigu ne treba smatrati zamjenom za medicinske, pravne ili druge stručne savjete.

SADRŽAJ

SADRŽAJ 3
UVOD 6
DORUČAK I RUNK 7
   1. Jednostavna domaća granola 8
   2. Haš od slatkog krumpira 10
   3. Rupe za krafne 12
   4. Osnovni krumpir za doručak 14
   5. Tempeh i Veggie Scramble 16
   6. (Pan)torta za doručak 18
   7. Omlet od špinata 20
   8. Tempeh slanina 22
   9. Sendviči sa slaninom i jajima 24
   10. Povrće u miso stilu 26
PREDJELA I GLICASE 28
   11. Čips od slatkog krumpira u fritezi 29
   12. Čips od kelja u fritezi 31
   13. Riblji štapići za fritezu 33
   14. Čips od jabuke 35
   15. Prženi Edamame u fritezi 37
   16. A i r-Pržene začinjene jabuke 39
   17. Slider i slanina Bloody Marys 41
   18. Kiflice od jaja od povrća 43
   19. Čips s roštilja 45
   20. Pomfrit od soje 47
   21. Začinjeni pomfrit 49
   22. Jalapeño Poppers 51
   23. Začinjene kuglice od sira Mac 'n' 53
   24. Wontonovi od prženog povrća 56
   25. Začinjeni umak od soje 58
   26. Prženi avokado 60
   27. Beany Jackfruit Taquitos 62
   28. Pereci prženi na zraku 64
   29. Prženi tofu s umakom od kikirikija 67
   30. Pohane gljive 69
   31. Veganska krilca 71
   32. Pečeni slanutak na roštilju 73
   33. Balsamic Herbed Paradajz 75
   34. Pomfrit od pastrnjaka 77
   35. Buffalo cvjetača 79
   36. Zalogaji palente s koprom i sirom 81

37. Pečene prokulice 84
38. Pečena tikva od žira 86
39. Sjemenke tikvice Tamari 88
40. kolutiće luka 90
41. Maple Butternut Squash 92
42. Čips od kelja 94
43. Pržene zelene rajčice 96
44. Parmezan od patlidžana 98
45. Popečci od miješanog povrća 100
46. Kriške krumpira sa sirom 102
47. Hasselback krumpir 104
48. Poutine 106
49. Pomfrit od slatkog krumpira 108
50. Umami krumpirići 110

GLAVNO JELO 112

51. Cikla s gremolatom od naranče 113
52. Losos s balzamičnim špinatom 115
53. Pržena tikva s češnjakom i začinskim biljem 117
54. Odresci od gljiva 119
55. Umak od bijelog graha od gljiva 121
56. Kelj i krumpirovi komadići 123
57. Osnovni tofu pržen na zraku 125
58. Mongolski tofu 127
59. Tofu sa sezamom 129
60. Sambal Goreng Tempeh 131
61. Tempeh ćevapi 133
62. Zapečeni Gigante grah 135
63. Osobne pizze 137
64. Pržene hrenovke 139
65. Corn Dogs 141
66. Punjeni pečeni krumpir 144
67. Pržene mahune i slanina 146
68. Pečeni špageti 148
69. Kuglice od mesa 150
70. Pečeni sejtan na chick'n-style 152
71. Suha mješavina seitana 154
72. Chick'n-Fried Steak 156
73. Chick'n Pot Pie 159
74. Prženi tacosi 162
75. Gurmanski sir na žaru 164
76. Pečeni slanutak i brokula 166
77. Seitan Fajitas 168
78. Taco salata 170
79. Tempeh pržena riža 172

80. Soy Curl Kimchee proljetne rolice 174
81. Tepsija za lazanje 176
82. Krumpir, klice i sojine kovrče 178
83. Calzone 180
84. Pržene sushi rolice 182

PRILOZI 184
85. Air Fryer Cvjetača 185
86. Jicama pomfrit 187
87. Ćevapi od povrća 189
88. Špageti squash 191
89. Salata od krastavaca i kvinoje 193
90. Limeta krumpir 195
91. Patlidžani u azijskom stilu 197
92. Začinjeni zeleni grah na kineski način 199
93. Mješavina patlidžana i tikvica sa začinskim biljem 201
94. Kuhani Bok Choy 203

DESERT 205
95. Fruit Crumble 206
96. Džepići od voćnog tijesta 208
97. Pečene jabuke 210
98. Karamelizirani preljev od voća i orašastih plodova 212
99. Prženi đumbir-O's 214
100. Pita od jabuka Taquitos 216

ZAKLJUČAK 218

UVOD

Dobro došli u "Savršena kuharica za vegansku fritezu" vaš izvor za 100 brzih i jednostavnih, zdravih obroka koji će poboljšati vaše iskustvo prženja na zraku. Ova kuharica slavi biljnu slast i poziva vas da istražite svestranost i praktičnost friteze u pripremi zdravih veganskih obroka. Bez obzira jeste li iskusni veganski kuhar ili tek počinjete biljnom načinu života, ovi su recepti osmišljeni kako bi vas nadahnuli da stvorite ukusna i hranjiva jela snagom vaše friteze.

Zamislite kuhinju ispunjenu cvrčanjem friteze, zamamnim mirisom savršeno hrskavog povrća i užitkom spoznaje da stvarate obroke koji nisu samo ukusni, već i hranjivi. "Savršena kuharica za vegansku fritezu" više je od puke zbirke recepata; to je vodič kako kuhanje na biljnoj bazi učiniti dostupnim, učinkovitim i nevjerojatno ukusnim. Bez obzira žudite li za hrskavim zalogajima, krepkim glavnim jelima ili slatkim desertima, ova je kuharica vaša putovnica za vegansku kulinarsku izvrsnost uz čaroliju friteze.

Od klasičnog povrća prženog na zraku do inovativnih hamburgera na biljnoj bazi i slastica bez grižnje savjesti, svaki recept je slavlje zdravstveno osviještenih mogućnosti prepunih okusa koje friteza donosi u vašu kuhinju. Bilo da kuhate za sebe, svoju obitelj ili zabavljate goste, ovi brzi i jednostavni recepti pokazat će vam ukusan svijet veganske kuhinje pržene na zraku.

Pridružite nam se dok krećemo u kulinarsku pustolovinu kroz "Savršena kuharica za vegansku fritezu" gdje je svaka kreacija dokaz jednostavnosti, zdravosti i ukusnosti biljnih užitaka prženih na zraku. Dakle, upalite svoju fritezu, prihvatite jednostavnost veganskog kuhanja i zaronimo u 100 brzih i jednostavnih, zdravih obroka koji će zadovoljiti vaše nepce i nahraniti vaše tijelo.

DORUČAK I RUNK

1.Jednostavna domaća granola

SASTOJCI:
- 2 šalice (220 g) nasjeckanih pekan oraha
- 1 šalica (85 g) lažnih kokosa
- 1 šalica (122 g) narezanih badema
- 1 žličica (2,6 g) cimeta
- 1 žlica (18 g) kokosovog ulja u spreju

UPUTE:
a) U velikoj zdjeli pomiješajte orahe pekan, kokosove pahuljice, narezane bademe i mljeveni cimet.
b) Lagano zamagljite kokosovim uljem u spreju, bacite i ponovno lagano zamagljite.
c) Košaricu air friteza obložite papirom za pečenje.
d) Ulijte smjesu u košaricu.
e) Pecite na 160ºC, 4 minute, promiješajte i kuhajte još 3 minute.

2. Haš od slatkog krumpira

SASTOJCI:
- 450 grama batata
- 1/2 bijelog luka narezanog na kockice
- 3 žlice maslinovog ulja
- 1 žličica dimljene paprike
- 1/4 žličice kumina
- 1/3 žličice mljevene kurkume
- 1/4 žličice soli češnjaka
- 1 šalica guacamolea

UPUTE:
a) Prethodno zagrijte jedinicu odabirom načina rada AIR FRY 3 minute na 325 stupnjeva F.
b) Odaberite START/PAUZA za početak procesa predgrijavanja.
c) Kada je predgrijavanje završeno, pritisnite START/PAUZA.
d) Krompir ogulite i narežite na kockice.
e) Sada prebacite krumpir u zdjelu i dodajte ulje, bijeli luk, kumin, papriku, kurkumu i češnjak sol.
f) Ovu smjesu stavite u košaricu Air Fryera.
g) Postavite ga na AIR FRY način rada 10 minuta na 390 stupnjeva F.
h) Zatim izvadite košaru i dobro ih protresite.
i) Zatim ponovno postavite vrijeme na 15 minuta na 390 stupnjeva F.

3.Rupe za krafne

SASTOJCI:

- 2 žlice hladnog nemliječnog maslaca
- 1/2 šalice plus 2 žlice kokosovog šećera, podijeljeno
- 1 žlica praška za zamjenu za jaja marke Ener-G ili vašu omiljenu vegansku zamjenu za žumanjak
- 2 žlice vode
- 2 1/4 šalice nebijeljenog višenamjenskog brašna
- 1 1/2 žličice praška za pecivo
- 1 žličica soli
- 1/2 šalice običnog nemliječnog jogurta ili jogurta od vanilije
- 1 do 2 prskanja ulja kanole
- 1 žličica mljevenog cimeta

UPUTE:

a) U velikoj zdjeli pomiješajte maslac i 1/2 šalice šećera i dobro izmiješajte rukama dok se ne stvore grudice.
b) U maloj posudi ili šalici umutite zamjenu za jaja s vodom. Dodajte ga maslacu i šećeru i dobro promiješajte. Staviti na stranu.
c) U srednjoj zdjeli pomiješajte brašno, prašak za pecivo i sol.
d) Dodajte smjesu brašna u smjesu maslaca i dobro promiješajte. Umiješajte jogurt. Mijesite dok se ne formira tijesto.
e) Razvaljajte komade tijesta u 18 (1 inča) loptica i rasporedite ih na veliki lim za pečenje ili komad papira za pečenje.
f) Namažite zračnu fritezu uljem. Zagrijte fritezu na 360°F 3 minute. Rupe za krafne premjestite u košaricu friteze. Kuhajte 8 minuta, protresite pola vremena kuhanja.
g) Na tanjuru pomiješajte preostale 2 žlice šećera i cimet. Vruće rupe za krafne lagano uvaljajte u cimet šećer prije nego ih prebacite na rešetku za pečenje da se ohlade.

4.Osnovni krumpir za doručak

SASTOJCI:
- 2 velika crvena ili rumena krumpira, oguljena
- 1 mali žuti luk, izrezan na polumjesec (luk prepolovite po dužini, a zatim narežite po linijama luka)
- 1 žličica ekstra djevičanskog maslinovog ulja ili ulja uljane repice
- 1/2 žličice morske soli (po želji)
- 1/4 žličice crnog papra

UPUTE:
a) Zagrijte fritezu na 360°F 3 minute. Krumpir naribajte u multipraktiku ili pomoću ribeža za sir koristeći velike rupe.
b) Premjestite narezani krumpir i luk u zdjelu srednje veličine. Dodajte ulje, sol (ako koristite) i papar. Bacite hvataljkama za premazivanje.
c) Prebacite u košaricu air friteze. Kuhajte 12 do 15 minuta, ili dok ne porumeni, protresajući svake 3 minute. Poslužite vruće.

5.Tempeh i Veggie Scramble

SASTOJCI:
- 8 unci tempeha
- 2 češnja češnjaka, mljevena
- 1 žličica mljevene kurkume
- 1 žličica mljevenog kima
- 1/2 žličice čilija u prahu
- 1/2 žličice crne soli
- 1/4 do 1/2 šalice juhe od povrća s niskim sadržajem natrija
- 1 do 2 prskanja ekstra djevičanskog maslinovog ulja
- 1 šalica krupno nasjeckanih cremini gljiva (ili vaših omiljenih gljiva)
- 1 manji crveni luk, narezan na četvrtine
- 1/2 šalice grubo nasjeckane paprike (bilo koje boje)
- 1/2 šalice narezanih cherry rajčica ili rajčica grožđa

UPUTE:
a) Tempeh kuhajte na pari 10 minuta. (Ovaj korak nije obavezan, ali veliki sam obožavatelj kuhanja tempeha na pari unaprijed kako bih lakše upio marinadu, ukrotio gorčinu i malo ublažio teksturu.) Izrežite tempeh na 12 jednakih kockica.
b) U plitkoj zdjeli pomiješajte češnjak, kurkumu, kumin, čili u prahu, crnu sol i juhu. Dodajte tempeh kuhan na pari i marinirajte najmanje 30 minuta ili najviše preko noći.
c) Poprskajte košaru friteze uljem (alternativno, obrišite košaru uljem). Ocijedite tempeh i dodajte ga u košaricu air friteze. Dodajte gljive, luk i papriku.
d) Kuhajte na 330°F 10 minuta. Dodajte rajčice, povećajte temperaturu na 390°F i kuhajte još 3 minute.
e) Poslužuje: 4
f) Opcija bez ulja: Izostavite maslinovo ulje i često protresite kako se ne bi zalijepilo.

6.(Pan)torta za doručak

SASTOJCI:

- 1/2 šalice nebijeljenog višenamjenskog brašna
- 2 žlice kokosovog šećera ili šećera u prahu
- 1 žlica praška za pecivo
- 1 do 2 prstohvata morske soli
- 1/2 šalice sojinog ili drugog nemliječnog mlijeka
- 1 žlica pirea od jabuka
- 1/4 žličice ekstrakta vanilije
- 1 do 2 prskanja ekstra djevičanskog maslinovog ulja u spreju

UPUTE:

a) Pomiješajte brašno, šećer, prašak za pecivo i sol u posudi za miješanje. Polako umiješajte mlijeko, umak od jabuke i ekstrakt vanilije.

b) Zagrijte fritezu na 330°F 3 minute. Podmažite kalup s oprugom od 8 inča (ili posudu prikladnu za pećnicu po vašem izboru) sprejom od maslinovog ulja.

c) Ulijte tijesto u pripremljenu posudu. Kuhajte na 330°F 10 minuta. Provjerite je li pečeno umetanjem čačkalice u sredinu - trebala bi izaći suha. Po potrebi kuhajte još 2 do 4 minute.

d) Poslužuje: 2

e) Opcija bez ulja: Izostavite maslinovo ulje i obložite tepsiju papirom za pečenje (papir ne smije biti otvoren).

f) Udvostručite ili utrostručite ovaj recept i držite tijesto u hermetički zatvorenoj posudi (odlična je staklenka) u hladnjaku. Bit ćete spremni da ga ponovite sljedeći dan!

7.Omlet od špinata

SASTOJCI:
- 1 šalica ledeno hladne vode
- 4 žlice Follow Your Heart VeganEgg
- 2 žlice brašna od slanutka
- 1/4 žličice crne soli
- 1 žličica Vegan Magic ili DIY "Vegan Magic"
- 1/2 šalice sitno nasjeckane crvene paprike
- 1/2 šalice sitno nasjeckanog žutog luka
- Svježe mljeveni crni papar
- 2 šalice slobodno upakiranog mladog špinata

UPUTE:
a) Pomiješajte vodu, vegansko jaje, brašno i sol u blenderu i miksajte dok smjesa ne postane glatka. Staviti na stranu.
b) Dodajte Vegan Magic u posudu za pečenje koja će stati u vašu fritezu. Stavite posudu za pečenje u fritezu i prethodno zagrijte na 390°F 3 minute.
c) Ulijte smjesu za omlet u posudu za pečenje i pecite 2 minute na 390°F. Dodajte papriku i luk, utapkavši ih u smjesu za omlet, i kuhajte još 3 minute.
d) Pauzirajte stroj kako biste dodali papriku i špinat u omlet. Presavijte omlet na pola i kuhajte još 5 minuta na 390°F. Izrežite na 2 porcije: .

8.Tempeh slanina

SASTOJCI:
- 8 unci tempeha
- 2 žlice javorovog sirupa
- 1 žličica ulja avokada ili ekstra djevičanskog maslinovog ulja
- 1/2 žličice veganskog Worcestershire umaka, tamari ili soja umaka
- 1/8 žličice tekućeg dima
- 1/2 žličice kajenskog papra

UPUTE:
a) Tempeh kuhajte na pari 10 minuta. (Ovaj korak nije obavezan, ali da vidite zašto ga preporučujem, pogledajte ovdje .) Premjestite tempeh u plitku zdjelu.
b) U maloj zdjeli pomiješajte javorov sirup, ulje, Worcestershire umak, tekući dim i kajensku papriku, miješajući dok se dobro ne sjedine. Prelijte marinadu preko tempeha i marinirajte najmanje 1 sat (bolje preko noći).
c) Stavite kriške tempeha u košaricu friteze. Kuhajte 10 minuta na 330°F. Protresite nakon 5 minuta. Pojačajte vatru na 390°F i kuhajte još 3 minute.
d) Za posluživanje: 8 komada
e) Opcija bez ulja: Izostavite ulje avokada.

9. Sendviči sa slaninom i jajima

SASTOJCI:
- 1 paket (16 unci) ekstra čvrstog tofua
- 1/2 šalice sojinog mlijeka
- 1/4 šalice plus 2 žlice prehrambenog kvasca
- 2 žličice plus 1 žličica mljevene kurkume
- 1 žličica češnjaka u prahu
- 1/2 žličice crne soli
- 3 žlice nebijeljenog višenamjenskog brašna
- 1 žlica krumpirovog škroba
- 2 do 4 prskanja uljane repice u spreju
- 4 trake tempeh slanine ili veganske slanine iz trgovine
- 4 pržena keksa ili veganski keksi iz trgovine

UPUTE:
a) Ocijedite i protisnite tofu.
b) Tofu narežite na 4 jednaka dijela. Zatim svaki komad prerežite na pola, ukupno 8 kriški.
c) U maloj zdjeli pomiješajte mlijeko, prehrambeni kvasac, kurkumu, češnjak u prahu i crnu sol dok se ne sjedine. Staviti na stranu.
d) Pomiješajte brašno i krumpirov škrob zajedno na velikoj ploči za jaružanje. Svaki komadić tofua umočite u mliječnu smjesu. Zatim svaki komad lagano premažite smjesom od brašna.
e) Poprskajte košaru friteze uljem kanole. Premazane komade tofua stavite u košaricu i lagano poprskajte vrh tofua. Kuhajte na 360°F 6 minuta. Okrenite kriške tofua i kuhajte još 6 minuta. Na svaki biskvit stavite dva tofu jaja i jedan komad veganske slanine.
f) Poslužuje: 4
g) Varijanta: Koristite omlet od špinata kao alternativu tofu jajima.
h) Opcija bez ulja: Počnite s pergamentnim papirom ili folijom prvih 5 minuta kuhanja. Pazite da komadiće tofua vrlo lagano premažete mješavinom brašna i škroba, jer biste mogli završiti s bijelim mrljama brašna umjesto ravnomjerno zlatno-smeđeg izgleda.

10.Povrće u miso stilu

SASTOJCI:
- 1 žlica bijelog misa
- 2 žlice soja umaka
- 2 žlice rižinog octa
- 1 žličica sezamovog ulja (po želji)
- 2 šalice sitno nasjeckane mrkve
- 2 šalice cvjetića brokule
- 1/2 šalice sitno nasjeckane daikon rotkvice

UPUTE:
a) U maloj posudi pomiješajte miso, sojin umak, ocat i sezamovo ulje (ako ga koristite). Dobro promiješajte.
b) U velikoj zdjeli za miješanje pomiješajte mrkvu, brokulu i daikon. Prelijte miso smjesu preko povrća i promiješajte hvataljkama da se potpuno prekrije. Zagrijte fritezu na 330°F 5 minuta.
c) Prebacite povrće u košaricu friteze i kuhajte 25 minuta, protresajući svakih 5 minuta.

PREDJELA I GLICASE

11. Čips od slatkog krumpira u fritezi

SASTOJCI:
- 1 ½ šalice slatkog krumpira
- 2 srednja slatka krumpira
- 1 žlica ekstra djevičanskog maslinovog ulja
- Mogu se koristiti 2 žlice organskog svijetlog ili tamnog smeđeg šećera
- 2 žličice čilija u prahu
- 1 žličica mljevenog kima
- ½ žličice soli

UPUTE:
a) Tanko narežite batat.
b) Bacite u zdjelu s uljem tako da svaka kriška batata bude lagano premazana. Možete koristiti svoje ruke ako želite.
c) Pomiješajte smeđi šećer, čili u prahu, kumin i sol u maloj posudi.
d) Ako je voda izašla iz batata dok su stajali, možete je ocijediti.
e) Pospite mješavinu začina preko slatkog krumpira i bacite tako da svaka kriška ima začine. Lagano su premazani kao na gornjoj fotografiji.
f) Položite slatki krumpir u jednom sloju u fritezu tako da se malo dodiruju ili preklapaju. Ako u fritezi imate miješalicu koju morate ukloniti.
g) Pržite na zraku na 180°C (356°F) 6 do 9 minuta, ovisno o tome koliko su tanke vaše kriške.
h) Protresite košaru do pola ili lagano promiješajte kako biste ih skinuli s dna friteze.
i) Kada je gotov izvadite čips na rešetku za hlađenje i ostavite da se ohladi. Postat će hrskaviji dok se hlade.
j) Gotovo i pojedite ili pohranite u hermetički zatvorenu posudu.

12. Čips od kelja u fritezi

SASTOJCI:
- 1 serija kovrčavog kelja, opranog i osušenog tapkanjem
- 2 žličice maslinovog ulja
- 1 žlica prehrambenog kvasca
- ¼ žličice morske soli
- 1/8 žličice mljevenog crnog papra

UPUTE:
a) Uklonite listove sa stabljika kelja i stavite ih u zdjelu srednje veličine.
b) Dodajte maslinovo ulje, hranjivi kvasac, sol i papar. Rukama umasirajte preljev u listove kelja.
c) Ulijte kelj u košaricu friteze i kuhajte ga na 390 stupnjeva F 67 minuta ili dok ne postane hrskav.
d) Poslužite toplo ili na sobnoj temperaturi.

13. Riblji štapići za fritezu

SASTOJCI:
- 1 lb bijele ribe kao što je bakalar
- ¼ šalice majoneze
- 2 žlice Dijon senfa
- 2 žlice vode
- 1 ½ šalice panko svinjske kore kao što je Pork King Good
- ¾ žličice Cajun začina
- Posolite i popaprite po ukusu

UPUTE:
a) Pošpricajte rešetku friteze neljepljivim sprejom za kuhanje.
b) Osušite ribu i narežite je na štapiće široke oko 1 inč sa 2 inča.
c) U maloj plitkoj posudi pomiješajte majonezu, senf i vodu. U drugoj plitkoj posudi umutite svinjske korice i Cajun začin.
d) Posoliti i popapriti po ukusu.
e) Radeći s komadom po komadom ribe, umočite u mješavinu majoneza da se premaže, a zatim otkucajte višak.
f) Umočite u smjesu svinjske kore i pomiješajte. Stavite na rešetku friteze.
g) Postavite na Air Fry na 400F i pecite 5 minuta, okrenite riblje štapiće hvataljkama i pecite još 5 minuta. Poslužite odmah.

14. Čips od jabuke

SASTOJCI:
- 2 jabuke, tanko narezane
- 2 žličice granuliranog šećera
- 1/2 žličice cimeta

UPUTE:
a) U veliku zdjelu pomiješajte jabuku s cimetom i šećerom. Radeći u serijama, stavite jabuke u jednom sloju u košaru friteze (neko preklapanje je u redu).
b) Pecite na 350° oko 12 minuta, okrećući svake 4 minute.

15.Prženi Edamame u fritezi

SASTOJCI:
- 2 šalice Edamamea ili smrznutog Edamamea
- Maslinovo ulje u spreju
- češnjak sol

UPUTE:
a) Stavite edamame u košaricu friteze, može biti svjež ili smrznut.
b) Premažite ih maslinovim uljem i malo soli od češnjaka.
c) Pržite na zraku na 390 stupnjeva 10 minuta.
d) Po želji promiješajte na pola vremena kuhanja. Za hrskavi, pečeni okus pržite na zraku dodatnih 5 minuta.
e) Poslužiti.

16.A i r-Pržene začinjene jabuke

SASTOJCI:
- 4 male jabuke, narezane na ploške
- 2 žlice kokosovog ulja, otopljenog
- 2 žlice šećera
- 1 žličica začina za pitu od jabuka

UPUTE:
a) Stavite jabuke u zdjelu. Prelijte kokosovim uljem i pospite šećerom i začinima za pitu od jabuka. Promiješajte da se jabuke ravnomjerno oblože.
b) Stavite jabuke u malu posudu koja je napravljena za friteze, a zatim je stavite u košaru.
c) Postavite fritezu na 350° na 10 minuta. Probušite jabuke vilicom kako biste bili sigurni da su mekane.
d) Ako je potrebno, vratite u fritezu na dodatnih 3-5 minuta.

17.Slider i slanina Bloody Marys

SASTOJCI:

- 2 (1/2 inča debljine) kriške Gimme nemasne kobasice ili pečenog chick'n-Style seitana
- 2 kriške Tempeh slanine ili veganske slanine iz trgovine
- 6 do 8 unci veganske mješavine Bloody Mary
- 2 do 4 unce votke (po izboru)
- 2 rebra celera
- 2 veganska peciva
- 2 do 4 zelene masline bez koštice ili kriške limete (po želji)
- 2 kriške slatkih kiselih krastavaca ili kopra ili cherry rajčice (po želji)

UPUTE:

a) Stavite kriške kobasice u košaricu friteze. Dodajte slaninu. Kuhajte na 370°F 6 minuta.

b) Upotrijebite mješavinu Bloody Mary i votku (ako koristite) za miješanje svoje omiljene odrasle ili djevičanske Bloody Mary. Budite sigurni da koristite čašu koja sadrži najmanje 12 unci tekućine (mason jar je zabavna opcija). U svaki napitak dodajte rebro celera.

c) Kuhane kobasice sastavite na slajd peciva i probodite ih ražnjićima. Ako koristite masline i kisele krastavce, dodajte ih i na ražnjiće. Stavite ražnjiće u svako piće, naslonite ih na rubove čaša. Dodajte trakicu kuhane slanine na svaki Bloody Mary.

18. Kiflice od jaja od povrća

SASTOJCI:
- 1 do 2 žličice uljane repice
- 1 šalica nasjeckanog kupusa
- 1 šalica naribane mrkve
- 1 šalica klica graha
- 1/2 šalice sitno nasjeckanih gljiva (bilo koje vrste)
- 1/2 šalice narezanog mladog luka
- 2 žličice čili paste
- 1/2 žličice mljevenog đumbira
- 1/4 šalice soja umaka ili tamarija s niskim sadržajem natrija
- 2 žličice krumpirovog škroba
- 8 veganskih rolada od jaja

UPUTE:
a) U velikoj tavi zagrijte ulje na srednje jakoj vatri. Dodajte kupus, mrkvu, klice graha, gljive, mladi luk, čili pastu i đumbir. Pirjajte 3 minute.
b) U maloj posudi ili mjernoj posudi pomiješajte sojin umak i krumpirov škrob. Ovu smjesu izlijte u serpu i sjedinite sa povrcem.
c) Položite omote rolada od jaja na radnu površinu. Lagano premažite rubove vodom. Stavite 1/4 šalice nadjeva na jedan kraj omota. Počnite motati omot preko povrća, uvlačeći krajeve nakon prve rolade. Ponovite ovaj postupak s preostalim omotima i nadjevom.
d) Prebacite rolice s jajima u košaricu air friteze. Kuhajte na 360°F 6 minuta, protresite na pola vremena kuhanja.

19. Čips s roštilja

SASTOJCI:
- 1 veliki crvenkasti krumpir
- 1 žličica paprike
- 1/2 žličice soli češnjaka
- 1/4 žličice šećera
- 1/4 žličice luka u prahu
- 1/4 žličice chipotle praha ili čilija u prahu
- 1/8 žličice morske soli
- 1/8 žličice mljevenog senfa
- 1/8 žličice kajenskog papra
- 1 žličica uljane repice
- 1/8 žličice tekućeg dima

UPUTE:

a) Operite i ogulite krumpir. Izrežite na tanke kriške od 1/10 inča; razmislite o korištenju rezača za mandoline ili oštrice rezača u procesoru hrane kako biste postigli dosljedne kriške.

b) Napunite veliku zdjelu s 3 do 4 šalice vrlo hladne vode. Prebacite kriške krumpira u zdjelu i namačite ih 20 minuta.

c) U maloj zdjeli pomiješajte češnjak, sol, šećer, luk u prahu, chipotle prah, morsku sol, senf i cayenne.

d) Isperite i ocijedite ploške krumpira te ih osušite papirnatim ručnikom. Prebacite ih u veliku zdjelu. Dodajte ulje, tekući dim i mješavinu začina u zdjelu. Bacite na kaput. Premjestite krumpir u košaricu friteze.

e) Kuhajte na 390°F 20 minuta. Protresite svakih 5 minuta kako biste pratili napredak. Želite smeđi, ali ne zagoreni čips. Pojedite ih odmah!

20. Pomfrit od soje

SASTOJCI:
- 1 šalica suhih sojinih kovrča
- 1 šalica vruće veganske pileće juhe
- 1/2 žličice čilija u prahu
- 1 žličica smeđeg rižinog brašna
- 1 žličica kukuruznog škroba
- 1 žličica chipotle ulja od avokada (ili običnog ulja avokada plus 1/2 žličice chipotle praha)

UPUTE:
a) Rehidrirajte Soy Curls u vrućoj juhi 10 minuta. Ocijedite sojine kovrče i nježno ih pritisnite hvataljkama kako biste uklonili višak tekućine.
b) Prebacite ocijeđene sojine kovrče u veliku zdjelu. Dodajte čili u prahu, brašno, kukuruzni škrob i ulje. Bacajte dok se dobro ne prekrije.
c) Prebacite Soy Curls u fritezu i kuhajte na 390°F 8 minuta, protresite na pola vremena kuhanja.

21. Začinjeni pomfrit

SASTOJCI:
- 2 velika crvenkasta krumpira, oguljena
- 1 žlica ulja avokada ili ekstra djevičanskog maslinovog ulja
- 1 žličica sušenog kopra
- 1 žličica sušenog vlasca
- 1 žličica suhog peršina
- 1 žličica kajenskog papra
- 2 žlice brašna od slanutka, soje, heljde ili prosa

UPUTE:

a) Narežite krumpir na ploške od 1/4 inča, a zatim narežite ploške na trake od 1/4 inča. Premjestite krumpiriće u veliku zdjelu i pokrijte ih s 3 do 4 šalice vode. Namočite krumpiriće 20 minuta. Ocijedite, isperite i osušite.

b) Vratite krumpir u zdjelu. Dodajte ulje avokada, kopar, vlasac, peršin, kajensku papriku i brašno. Bacajte dok se dobro ne prekrije.

c) Zagrijte fritezu na 390°F 3 minute. Premjestite obložene krumpire u košaricu friteze. Kuhajte 20 minuta, protresite pola vremena kuhanja.

22. Jalapeño Poppers

SASTOJCI:
- 8 velikih jalapeñosa
- 1 šalica nemliječnog krem sira
- 1/4 šalice sitno nasjeckanog luka
- 1 šalica nezačinjenih suhih krušnih mrvica
- 2 žličice sušenog meksičkog origana
- 1/2 žličice svježe mljevenog crnog papra
- 1/2 do 1 žličica soli, ili po ukusu
- 2 do 3 prskanja ekstra djevičanskog maslinovog ulja

UPUTE:

a) Kada pripremate jalapeños, razmislite o nošenju rukavica od lateksa kako biste izbjegli iritaciju kože. Prerežite jalapeños na pola po dužini, prateći krivulju paprike. Malom žlicom ili prstima izdubite sjemenke i opnu jer sadrže toplinu jalapeñosa (ostavite nekoliko sjemenki ako želite dodatnu toplinu). Narezane jalapeñose ostavite sa strane.

b) U maloj posudi pomiješajte krem sir i luk.

c) U srednjoj zdjeli pomiješajte krušne mrvice, meksički origano, papar i sol.

d) Napunite svaku polovicu jalapeña s otprilike 2 žličice smjese od krem sira, utiskujući je u udubinu prstima. Pospite 1 1/2 žličice mješavine krušnih mrvica po krem siru. Krušne mrvice utisnite u kremu od sira.

e) Pošpricajte košaru friteze uljem. Stavite onoliko jalapeño poppersa u košaricu friteze koliko stane (možda ćete morati kuhati u serijama). Poprskajte vrh poppersa s dodatnim uljem (ovo će im pomoći da porumene). Kuhajte na 390°F 6 do 7 minuta ili dok krušne mrvice ne porumene.

23. Začinjene kuglice od sira Mac 'n'

SASTOJCI:
- 2 3/4 šalice veganske pileće juhe, podijeljene
- 1 šalica fusilli od cjelovitog zrna pšenice
- 1 žlica nemliječnog maslaca
- 2 češnja češnjaka, mljevena
- 1/4 šalice sitno nasjeckanog žutog luka
- 1/4 šalice plus 1 žlica brašna od slanutka, podijeljeno
- 1/4 šalice prehrambenog kvasca
- 1 žličica svježeg soka od limuna
- 1/4 šalice naribanog nemliječnog sira Daiya Jalapeño Havarti Style Farmhouse Block ili Pepperjack Style
- 1/4 žličice crnog papra
- 2 lanena jaja ili 2 žlice Follow Your Heart VeganEgg ili Ener-G zamjene za jaja
- 1/2 šalice ledeno hladne vode
- 1/2 šalice suhih talijanskih krušnih mrvica
- 1 žličica dimljene paprike
- 1 žličica kajenskog papra
- 1/4 šalice nemliječnog naribanog parmezana
- 3 do 4 prskanja ekstra djevičanskog maslinovog ulja

UPUTE:

a) U velikom loncu zakuhajte 2 1/2 šalice juhe na srednje jakoj vatri. Dodajte fusile i kuhajte 11 minuta.
b) U malom loncu zagrijte maslac, češnjak i luk na srednje niskoj temperaturi. Kad maslac zavrije, smanjite vatru i kuhajte 5 minuta.
c) Maslacu dodajte 1 žlicu brašna od slanutka i pjenjačom napravite zapršku.
d) Kuhane fusile ocijedite i vratite u veliki lonac. Prebacite roux na tjesteninu i umiješajte hranjivi kvasac, limunov sok i sir. Dodajte onoliko preostale 1/4 šalice juhe koliko je potrebno za kremastu konzistenciju. Prebacite fusille u veliku zdjelu, pokrijte i ostavite u hladnjaku 1 do 2 sata.
e) Postavite 3 stanice za jaružanje. Preostalu 1/4 šalice brašna od slanutka ulijte u plitku zdjelu. Pomiješajte lanena jaja i hladnu vodu u drugoj plitkoj posudi. Pomiješajte krušne mrvice, dimljenu papriku i ljutu papriku u trećoj plitkoj zdjeli. Zagrijte fritezu na 390°F 3 minute.
f) Izvadite 2 žlice ohlađenog mac 'n' sira i razvaljajte u kuglu dok ne napravite 8 kuglica. Svaku lopticu uvaljajte u brašno od slanutka (svaku protresite da se ukloni višak brašna), zatim lopticu umočite u laneno jaje i na kraju premažite lopticu smjesom od krušnih mrvica. Svaku odložite na tanjur ili komad papira za pečenje dok se ne pripremi svih 8 mac 'n' kuglica sa sirom.
g) Prebacite kuglice u košaricu air friteze. Kuhajte 8 minuta ili dok ne porumeni.

24. Wontonovi od prženog povrća

SASTOJCI:
- 1/4 šalice sitno nasjeckane mrkve
- 1/4 šalice sitno nasjeckanog ekstra čvrstog tofua
- 1/4 šalice sitno nasjeckanih shiitake gljiva
- 1/2 šalice sitno nasjeckanog kupusa
- 1 žlica mljevenog češnjaka
- 1 žličica sušenog mljevenog đumbira
- 1/4 žličice bijelog papra
- 2 žličice soja umaka, podijeljene
- 1 žličica sezamovog ulja
- 2 žličice krumpirovog ili kukuruznog škroba
- 16 veganskih wonton omota
- 1 do 2 prskalice ulja kanole ili ekstra djevičanskog maslinovog ulja
- Začinjeni umak od soje

UPUTE:
a) U velikoj zdjeli pomiješajte mrkvu, tofu, gljive, kupus, češnjak, đumbir, bijeli papar i 1 žličicu soja umaka.
b) U maloj zdjeli pomiješajte preostalu 1 žličicu soja umaka, sezamovo ulje i krumpirov škrob. Mutiti dok se skrob skroz ne sjedini. Prelijte preko tofua i povrća i dobro promiješajte rukama.
c) Postavite malu posudu s vodom pored radne površine da napravite knedle. Ravno položite wonton omot, navlažite strane vodom prstom i stavite 1 žlicu nadjeva u sredinu. Povucite sva 4 kuta omota do vrha i sredine i stisnite ih zajedno. Postavite wontone u košaricu friteze. Ponovite ovaj postupak, čineći ukupno 16 wontona. Pošpricajte wontone uljem kanole. Kuhajte na 360°F 6 minuta, protresite na pola vremena kuhanja.
d) Pržene wontone prebacite na tanjur i poslužite s umakom za umakanje.

25.Začinjeni umak od soje

SASTOJCI:
- 1 žlica soja umaka s niskim sadržajem natrija
- 1 žličica rižinog octa
- 1/2 žličice čili paste

UPUTE:
a)   U maloj posudi pomiješajte sojin umak, ocat i čili pastu.

26. Prženi avokado

SASTOJCI:
- 1/4 šalice nebijeljenog višenamjenskog brašna
- 1 laneno jaje
- 1/2 šalice panko krušnih mrvica
- 1 žličica čilija u prahu
- 1 zreli Hass avokado, oguljen i bez koštice
- 2 do 3 prskanja ulja kanole ili ekstra djevičanskog maslinovog ulja

UPUTE:
a) Stavite brašno u plitku posudu. Stavite laneno jaje u drugu plitku posudu. U trećoj plitkoj posudi pomiješajte panko krušne mrvice i čili u prahu.
b) Provucite svaku polovicu avokada kroz tri mjesta za premazivanje: pospite je brašnom, umočite u laneno jaje i premažite panko krušnim mrvicama.
c) Pošpricajte košaru friteze uljem. Stavite obložene polovice avokada u jednom sloju u košaricu friteze. Polovice avokada poprskajte uljem. Kuhajte na 390°F 12 minuta.

27. Beany Jackfruit Taquitos

SASTOJCI:
- 1 (14 unci) konzerva jackfruita puna vode, ocijeđena i isprana
- 1 šalica kuhanog ili konzerviranog crvenog graha, ocijeđenog i ispranog
- 1/2 šalice pico de gallo umaka
- 1/4 šalice plus 2 žlice vode
- 4 (6 inča) tortilje od kukuruza ili cjelovitog zrna pšenice
- 2 do 4 prskanja ulja kanole ili ekstra djevičanskog maslinovog ulja

UPUTE:

a) U srednjem loncu za umake ili ekspres loncu pomiješajte jackfruit, grah, pico de gallo i vodu. Ako koristite lonac, zagrijte mješavinu jackfruita na srednje jakoj vatri dok ne počne kuhati. Smanjite vatru, poklopite lonac i kuhajte 20 do 25 minuta. Ako koristite ekspres lonac, poklopite ekspres lonac, stavite pod tlak, kuhajte na niskom tlaku 3 minute, a zatim upotrijebite prirodno otpuštanje.

b) Zgnječite smjesu jackfruita vilicom ili gnječilicom za krumpir. Želiš isjeckati jackfruit do mesnate strukture. Zagrijte fritezu na 370°F 3 minute.

c) Stavite tortilju na radnu površinu. Žlicom stavite 1/4 šalice mješavine jackfruita na tortilju. Čvrsto zarolajte, gurajući dio smjese koji ispadne natrag u tortilju. Ponovite ovaj postupak da napravite 4 taquitoa.

d) Pošpricajte košaru friteze uljem. Poprskajte i vrhove tortilja. Smotane tortilje stavite u košaricu friteze. Kuhajte na 370°F 8 minuta.

28. Pereci prženi na zraku

SASTOJCI:

- 3/4 šalice tople vode (110 do 115°F)
- 1 žličica instant kvasca
- 1/2 žličice soli
- 2 žličice granuliranog šećera
- 1 1/2 šalice nebijeljenog višenamjenskog brašna, podijeljeno, plus još po potrebi
- 4 1/2 šalice vode
- 1/4 šalice sode bikarbone
- 1 1/4 žličice krupne morske soli

UPUTE:

a) Pomiješajte toplu vodu i kvasac u velikoj posudi za mjerenje. Dodajte sol i šećer i miješajte dok se ne sjedini.
b) U srednjoj posudi za miješanje pomiješajte 1 šalicu brašna sa smjesom kvasca, miješajući drvenom kuhačom. Dodajte još 1/4 šalice brašna, miješajte dok tijesto više ne bude ljepljivo i dok se njime ne bude lako rukovati.
c) Preostalu 1/4 šalice brašna pospite na radnu površinu. Prebacite tijesto na radnu površinu i mijesite ga 3 do 4 minute. Dodajte još brašna ako se tijesto lijepi za radnu površinu ili ruke.
d) Nakon što ste zamijesili tijesto, oblikujte ga u kvadrat veličine 5 x 5 x 1/2 inča.
e) U velikom loncu na srednje jakoj vatri zakuhajte vodu i sodu bikarbonu.
f) U međuvremenu izrežite blok tijesta po dužini na 5 traka.
g) Svaku traku razvaljajte u užad od 12 inča. Uzmite oba kraja užeta, spojite ih i potpuno zavrnite, rukama oblikujući krug dok je tijesto još na radnoj površini. Pritisnite krajeve tijesta u krug, oblikujući legendarni oblik pereca. Ponovite ovaj postupak s preostalim konopcima, tako da napravite 5 pereca.
h) Stavite 1 perec na šupljikavu žlicu i lagano ga stavite u kipuću vodu. Potonut će i potom isplivati na vrh za otprilike 20 do 30 sekundi. Perec izvadite šupljikavom žlicom i prebacite na nju na silikonsku podlogu za pečenje ili komad papira za pečenje.
i) Ponovite ovaj postupak s preostala 4 pereca.
j) Zagrijte fritezu na 390°F 5 minuta. Pospite 1/4 žličice soli na svaki perec.
k) Premjestite perece u košaricu air friteze. Ako koristite veliku fritezu s dodatkom rešetke, možete staviti 2 veća pereca izravno u košaricu i 3 manja na rešetku. Ako koristite manju fritezu ili ako nema rešetke, pržite perece u serijama.
l) Kuhajte na 390°F 5 do 6 minuta. Počnite ih provjeravati nakon 3 minute. Tražite zlatno do tamno smeđu boju. Izvadite perece iz friteze lopaticom.

29. Prženi tofu s umakom od kikirikija

SASTOJCI:
PRŽENI TOFU
- 1 (12 unci) pakiranje čvrstog tofua, ocijeđenog i protisnutog
- 1/2 šalice kukuruznog brašna
- 1/4 šalice kukuruznog škroba
- 1/2 žličice morske soli
- 1/2 žličice bijelog papra
- 1/2 žličice pahuljica crvene paprike
- 1 do 2 prskalice sezamovog ulja

UMAK OD KIKIRIKIJA
- 1 (1-inčni) komad svježeg đumbira, oguljen
- 1 češanj češnjaka
- 1/2 šalice kremastog maslaca od kikirikija
- 2 žlice tamarija s niskim udjelom natrija
- 1 žlica svježeg soka od limete
- 1 žličica javorovog sirupa
- 1/2 žličice čili paste
- 1/4 do 1/2 šalice vode, po potrebi
- 1/4 šalice sitno nasjeckanog mladog luka

UPUTE:
a) Tofu: Tofu narežite na 16 kockica i ostavite sa strane. U srednjoj zdjeli pomiješajte kukuruzni škrob, kukuruznu krupicu, sol, bijeli papar i pahuljice crvene paprike. Dodajte tofu narezan na kockice i dobro premažite. Prebacite tofu u košaricu friteze. Pošpricajte sezamovim uljem. Kuhajte 20 minuta na 350°F, lagano protresite na pola vremena kuhanja.

b) Umak od kikirikija: U blenderu izmiksajte đumbir, češnjak, maslac od kikirikija, tamari, sok limete, javorov sirup i pastu od čilija dok ne postane glatka. Dodajte vodu, ako je potrebno za gustu konzistenciju koja je dovoljno rijetka da se pokapa. Za posluživanje prebacite tofu na tanjur za posluživanje.

c) Ulijte umak od kikirikija u malu zdjelu za umakanje i na vrh stavite mladi luk.

30.Pohane gljive

SASTOJCI:

- 2 velika klobuka šampinjona portobello, lagano isprana i osušena tapkanjem
- 1/2 šalice sojinog brašna
- 1/2 žličice zrnatog luka
- 1/4 žličice sušenog origana
- 1/4 žličice sušenog bosiljka
- 1/4 žličice granuliranog češnjaka
- 1/2 žličice crnog papra, podijeljenog
- 1/2 šalice ledeno hladne vode
- 2 žlice Follow Your Heart VeganEgg ili 1 laneno jaje
- 1/8 šalice sojinog mlijeka
- 1 čajna žličica tamarija s niskim udjelom natrija
- 1 šalica panko krušnih mrvica
- 1/4 žličice morske soli
- 1 do 2 prskalice ulja kanole ili ekstra djevičanskog maslinovog ulja

UPUTE:

a) Narežite portobello klobuke na kriške debljine 1/4 inča. Pomiješajte brašno, granulirani luk, origano, bosiljak, granulirani češnjak i 1/4 žličice paprike u plitkoj posudi ili tanjuru.

b) Umutite vodu i VeganEgg. Smjesu izlijte u plitku zdjelu. Dodajte sojino mlijeko i tamari. Panko krušne mrvice istresite u treću plitku posudu ili tanjur i dodajte sol i preostali crni papar, dobro promiješajte.

c) Radeći u serijama, stavite gljive u mješavinu brašna, izdubite ih kako biste ih dobro prekrili. Otresite višak brašna i umočite gljive u mliječnu smjesu. Otresite višak tekućine, a zatim stavite gljive u krušne mrvice i dobro ih premažite. Pohane gljive stavite na lim obložen papirom za pečenje i ponavljajte ovaj postupak dok sve gljive ne pohate.

d) Poprskajte košaru friteze uljem. Stavite pohane gljive u košaricu friteze (možda ćete to morati raditi u serijama) i kuhajte na 360°F 7 minuta, protresite na pola vremena kuhanja.

31.Veganska krilca

SASTOJCI:
- 1/4 šalice nemliječnog maslaca
- 1/2 šalice Frank's RedHot originalnog umaka od kajenske paprike ili vašeg omiljenog ljutog umaka od kajenske paprike
- 2 češnja češnjaka
- 16 do 18 unci pečenog Chick'n-Style Seitana, izrezanog na 8 do 10 komada, ili WestSoy ili Pacific brandova pileći seitan
- 1/4 šalice brašna od slanutka
- 1/4 šalice kukuruznog brašna

UPUTE:
a) Pomiješajte maslac, ljuti umak i češnjak u malom loncu na srednjoj vatri 3 do 5 minuta. Ulijte pola umaka u zdjelu. Staviti na stranu.
b) Dodajte komadiće seitana u umak u tavi. Dobro izmiješajte da prekrijete seitan.
c) Pomiješajte brašno i kukuruznu krupicu u plitkoj zdjeli.
d) Zagrijte fritezu na 370°F 3 minute. Uronite komade seitana u mješavinu brašna i dobro ih premažite. Stavite seitan u fritezu. Kuhajte na 370°F 7 minuta, mućkajući 3 minute.
e) Krilca premjestite u zdjelu sa ostavljenim ljutim umakom. Promiješajte i poslužite s nemliječnim plavim sirom ili ranch dressingom.

32. Pečeni slanutak na roštilju

SASTOJCI:
- 1 (15 unci) limenka slanutka, ocijeđena, isprana i osušena tapkanjem
- 1 žličica ulja od kikirikija
- 1/2 žličice javorovog sirupa
- 1 žličica paprike
- 1 žličica češnjaka u prahu
- 1/2 žličice crnog papra
- 1/2 žličice mljevenog senfa
- 1/2 žličice chipotle praha

UPUTE:
a) Pomiješajte slanutak, ulje i javorov sirup u velikoj zdjeli, pomiješajte slanutak da se prekrije. Pospite papriku, češnjak u prahu, papar, senf i chipotle prah preko slanutka i miješajte dok sav slanutak ne bude dobro obložen.
b) Prebacite slanutak u košaricu air friteze. Kuhajte na 400°F 15 minuta, protresite svakih 5 minuta.

33. Balsamic Herbed Paradajz

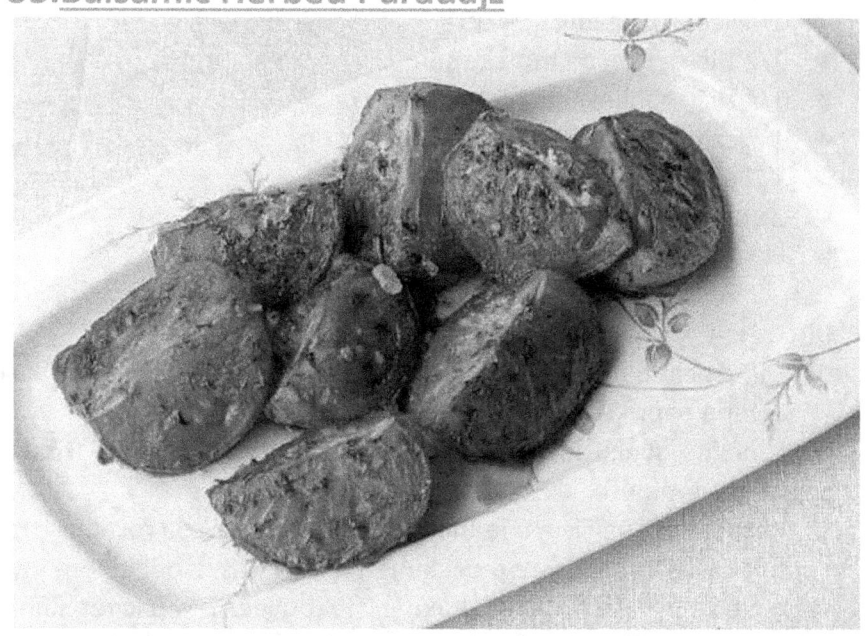

SASTOJCI:
- 1/4 šalice balzamičnog octa
- 1/2 žličice krupne morske soli
- 1/4 žličice mljevenog crnog papra
- 1 žlica sušenog origana
- 1 žličica pahuljica crvene paprike
- 2 velike, čvrste rajčice, svaku izrezati na 4 kriške
- Ekstra djevičansko maslinovo ulje u spreju

UPUTE:
a) Ulijte ocat u plitku posudu. Umiješajte sol, papar, origano i ljuskice crvene paprike.
b) Umočite svaku krišku rajčice u smjesu octa. Zagrijte fritezu na 360°F 3 minute.
c) Rasporedite rajčice, u jednom sloju, na umetak za roštilj ili izravno u fritezu (trebali biste moći kuhati 2 do 4 kriške odjednom, ovisno o veličini vaše friteze). Kako biste povećali kapacitet kuhanja, postavite rešetku iznad umetka ili košare za roštilj, što će omogućiti kuhanje dva sloja rajčica odjednom.
d) Žlicom prelijte preostalu mješavinu octa preko svake rajčice. Pošpricajte ulje preko rajčica. Kuhajte na 360°F 5 do 6 minuta. Rajčice pažljivo izvadite lopaticom.

34.Pomfrit od pastrnjaka

SASTOJCI:
- 2 srednja pastrnjaka, orezana i dobro oprana
- 1 žličica ulja avokada ili ulja repice
- 1 žličica mljevenog cimeta
- 1/2 žličice mljevenog kima
- 1/2 žličice paprike
- 1/2 žličice mljevenog korijandera
- 1/2 žličice morske soli
- 1/4 žličice crnog papra
- 1/2 žličice kukuruznog škroba
- 1 žlica brašna od pira ili brašna od smeđe riže

UPUTE:
a) Odrežite vrhove i donje strane pastrnjaka. Prepolovite po dužini. Prepolovite ili četvrtine debljih dijelova po dužini, dok svi komadi pastrnjaka ne budu otprilike iste veličine.
b) Prebacite ih u veliku zdjelu. Dodajte ulje, cimet, kumin, papriku, korijander, sol i papar.
c) U maloj zdjeli pomiješajte kukuruzni škrob i brašno. Pospite mješavinu kukuruznog škroba preko pastrnjaka i miješajte hvataljkama dok se dobro ne prekrije.
d) Kuhajte pastrnjak na 370°F 15 minuta ili dok ne porumene, protresite na pola vremena kuhanja.

35. Buffalo cvjetača

SASTOJCI:
- 1 veća glavica cvjetače
- 1 šalica nebijeljenog višenamjenskog brašna
- 1 čajna žličica granula veganske pileće bujone (ili začina u stilu Butler Chik-a)
- 1/4 žličice kajenskog papra
- 1/4 žličice čilija u prahu
- 1/4 žličice paprike
- 1/4 žličice osušenih chipotle čili pahuljica
- 1 šalica sojinog mlijeka
- Canola ulje u spreju
- 2 žlice nemliječnog maslaca
- 1/2 šalice Frank's RedHot originalnog umaka od kajenske paprike ili vašeg omiljenog ljutog umaka od kajenske paprike
- 2 češnja češnjaka, mljevena

UPUTE:
a) Cvjetaču narežite na komadiće veličine zalogaja. Isperite i ocijedite komade cvjetače.
b) U velikoj zdjeli pomiješajte brašno, granule bujona, ljutu papriku, čili u prahu, papriku i pahuljice. Polako umiješajte mlijeko dok se ne dobije gusta smjesa.
c) Poprskajte košaru friteze uljem kanole i prethodno zagrijte fritezu na 390°F 10 minuta.
d) Dok se friteza predgrijava, ubacite cvjetaču u tijesto. Namućenu cvjetaču premjestite u košaricu friteze. Kuhajte 20 minuta na 390°F. Uz pomoć hvataljki okrenite komade cvjetače nakon 10 minuta (nemojte se bojati ako se zalijepe).
e) Nakon što okrenete cvjetaču, zagrijte maslac, ljuti umak i češnjak u malom loncu na srednje jakoj vatri. Zakuhajte smjesu, smanjite vatru i poklopite. Nakon što je cvjetača kuhana, prebacite je u veliku zdjelu. Prelijte umak preko cvjetače i lagano promiješajte hvataljkama. Poslužite odmah.

36.Zalogaji palente s koprom i sirom

SASTOJCI:
- 1 šalica laganog kulinarskog kokosovog mlijeka
- 3 šalice juhe od povrća
- 3 češnja češnjaka, nasjeckana
- 1/2 žličice mljevene kurkume
- 1/2 žličice sušenog kopra
- 1 šalica sušene palente ili kukuruznog brašna
- 1 žlica nemliječnog maslaca
- 2 žlice prehrambenog kvasca
- 1 žličica svježeg soka od limuna
- Canola ulje u spreju

UPUTE:
ZA PALENTU:
a) U ekspres loncu ili instant loncu: Pomiješajte mlijeko, juhu, češnjak, kurkumu, kopar i palentu u nepoklopljenom ekspres loncu (ili multicookeru, kao što je instant lonac).
b) Poklopite ekspres lonac i stavite na pritisak. Kuhajte na visokom tlaku 5 minuta. Koristite prirodno otpuštanje nakon 15 minuta. Ako koristite multicooker, odaberite ručno i visoki pritisak na 5 minuta. Maknite poklopac i umiješajte maslac, hranjivi kvasac i limunov sok.
c) Na štednjaku: Zakuhajte mlijeko, juhu, češnjak, kurkumu i kopar na srednje jakoj vatri u velikom loncu.
d) Palentu polako ulijevajte u kipuću mliječnu smjesu, neprestano miješajući dok se sva palenta ne sjedini i ne bude grudica. Smanjite vatru i pirjajte, često miješajući, dok se palenta ne počne zgušnjavati, oko 5 minuta.
e) Palenta bi još trebala biti malo rahla. Pokrijte lonac i kuhajte 30 minuta, miješajući svakih 5 do 6 minuta. Kada je palenta pregusta za mućenje, promiješajte je drvenom kuhačom. Palenta je gotova kada je njezina tekstura kremasta, a pojedinačna zrnca mekana.
f) Ugasite vatru i lagano umiješajte maslac u palentu dok se maslac djelomično ne otopi.
g) U palentu umiješajte prehrambeni kvasac i limunov sok. Poklopite lonac i ostavite da palenta odstoji 5 minuta da se zgusne.
h) Vruću palentu stavite sa strane da se ohladi (palentu možete prebaciti u srednju zdjelu i ostaviti u hladnjaku 15 minuta da ubrzate proces).

ZA ZAGROSIĆE OD PALENTE:
i) Uvaljajte 1/8 šalice kuglice palente u kuglice i rasporedite ih u fritezu u jednom sloju. (Ovisno o veličini vaše friteze, možda ćete morati kuhati u serijama.)
j) Poprskajte ih uljem kanole. Kuhajte na 400°F 12 do 14 minuta, mućkajući 6 minuta.

37. Pečene prokulice

SASTOJCI:
- 1 funta prokulica
- 2 žlice soja umaka
- 1 žlica rižinog octa
- 1 žličica uljane repice
- 1 žlica mljevenog češnjaka
- 1/2 žličice bijelog papra

UPUTE:
a) Odrežite donji dio prokulica i prerežite svaki izdanak na pola od vrha prema dolje (vanjski listovi će lako otpasti). Isperite i ocijedite. Prebacite prokulice u veliku zdjelu.
b) Pomiješajte sojin umak, ocat, ulje, češnjak i bijeli papar u maloj posudi. Prelijte prokulice. Lagano promiješajte hvataljkama, dobro premazujući.
c) Zagrijte fritezu na 390°F 3 minute. Prebacite prokulice u košaricu friteze. Kuhajte 12 minuta, protresite pola vremena kuhanja.

38. Pečena tikva od žira

SASTOJCI:
- 1 (16 unci) tikvicu od žira, opranu
- 1/4 šalice juhe od povrća
- 2 žlice prehrambenog kvasca
- 3 češnja češnjaka, nasjeckana

UPUTE:
a) Tikvu prepolovite i žlicom izvadite sjemenke. (Ostavite sjemenke sa strane kako biste napravili sjemenke tamari tikvice . Odrežite kraj svakog komada kako biste napravili ravno dno.
b) Stavite svaku polovicu tikvica u fritezu, mesom okrenutom prema gore. Kuhajte na 360°F 10 minuta.
c) U maloj posudi pomiješajte juhu, prehrambeni kvasac i češnjak.
d) Nakon 10 minuta otvorite košaricu friteze i prelijte 1/8 šalice umaka od češnjaka na jednu polovicu tikve i 1/8 šalice na drugu polovicu tikve. Umak će se taložiti u "zdjelu" tikve.
e) Kistom premažite gornji dio tikve. Pojačajte toplinu na 390°F i nastavite kuhati još 5 minuta, dok tikva ne omekša.
f) Izvadite polovice tikve iz friteze i narežite ih ili ih upotrijebite kao jestive zdjelice za posluživanje.

39.Sjemenke tikvice Tamari

SASTOJCI:
- 1/4 do 1/2 šalice sjemenki žira ili butternut tikve (količina ovisi o veličini tikve)
- 2 žlice tamarija s niskim sadržajem natrija ili umaka od soje s niskim sadržajem natrija
- 1/4 žličice bijelog papra ili svježe mljevenog crnog papra

UPUTE:
a) Dobro isperite sjemenke tikve, uklanjajući sve žice ili komadiće tikve. Premjestite ih u manju posudu ili mjernu posudu. Prelijte tamari preko sjemenki i ostavite da se marinira 30 minuta.
b) Ocijedite (ali nemojte ispirati) sjemenke.
c) Zagrijte fritezu na 390°F 3 minute. Prebacite sjemenke u košaricu friteze i pospite bijelim paprom. Kuhajte na 390°F 6 minuta, protresite na pola vremena kuhanja.
d) Sjemenke pojedite odmah ili ih čuvajte u hermetički zatvorenoj posudi 3 dana.

40. kolutiće luka

SASTOJCI:
- 1 veliki luk, narezan na ploške debljine 1/4 inča
- 1 šalica nebijeljenog višenamjenskog brašna
- 1/4 šalice brašna od slanutka
- 1 žličica praška za pecivo
- 1 žličica morske soli
- 1/2 šalice aquafabe ili veganske zamjene za jaja
- 1 šalica sojinog mlijeka
- 3/4 šalice panko krušnih mrvica

UPUTE:
a) Zagrijte fritezu na 360°F 5 minuta. Odvojite ploške luka na kolutiće.
b) Pomiješajte višenamjensko brašno, brašno od slanutka, prašak za pecivo i sol u maloj posudi.
c) Udubite kriške luka u mješavinu brašna dok se dobro ne prekriju. Staviti na stranu.
d) U preostalu smjesu brašna umiješajte aquafabu i mlijeko. Umočite pobrašnjene kolutiće luka u tijesto za premazivanje.
e) Raširite panko krušne mrvice na tanjur ili plitku posudu i udubite kolutiće u mrvice, dobro ih pokrijte.
f) Stavite kolutove luka u fritezu u jednom sloju i pecite 7 minuta na 360°F, protresajući na pola vremena kuhanja. Ako imate manju fritezu, možda ćete morati kuhati u serijama.

41. Maple Butternut Squash

SASTOJCI:
- 1 velika butternut tikva, oguljena, prepolovljena, bez sjemenki i narezana na komade od 1 inča
- 1 žličica ekstra djevičanskog maslinovog ulja ili ulja uljane repice
- 2 žlice javorovog sirupa
- 1 žličica mljevenog cimeta
- 1/2 žličice mljevenog kardamoma
- 1/2 žličice suhe majčine dušice
- 1/2 žličice morske soli

UPUTE:
a) Prethodno zagrijte fritezu na 390°F. Tikvu stavite u veliku zdjelu za miješanje. Dodajte ulje, javorov sirup, cimet, kardamom, majčinu dušicu i sol te promiješajte da prekrijete tikvicu.
b) Prebacite tikvicu u košaricu friteze. Kuhajte 20 minuta ili dok ne porumene, protresite na pola vremena kuhanja.

42. Čips od kelja

SASTOJCI:
- 8 šalica kelja s peteljkama
- 1 žličica uljane repice ili ekstra djevičanskog maslinovog ulja
- 1 žličica rižinog octa
- 1 žličica soja umaka
- 2 žlice prehrambenog kvasca

UPUTE:
a) Kelj operite i ocijedite. Prebacite ga u veliku zdjelu. Natrgajte kelj na komade od 2 inča. Izbjegavajte trgati premale komade, jer neke friteze, sa snažnim prisilnim zrakom, mogu povući kelj u grijaći element.
b) U zdjelu dodajte ulje, ocat, sojin umak i hranjivi kvasac. Rukama umasirajte sve sastojke u kelj oko 2 minute.
c) Prebacite kelj u košaricu air friteze. Kuhajte na 360°F 5 minuta. Protresite košaru. Pojačajte toplinu na 390°F i kuhajte još 5 do 7 minuta.

43. Pržene zelene rajčice

SASTOJCI:
- 1/2 šalice krumpirovog škroba
- 1 šalica sojinog brašna, podijeljena
- 1/4 šalice sojinog mlijeka
- 2 žlice prehrambenog kvasca
- 1/2 do 1 žličice ljutog umaka
- 1/4 šalice bademovog brašna
- 1/4 šalice panko krušnih mrvica
- 1 žličica dimljene paprike
- 1 žličica morske soli
- 1/4 žličice crnog papra
- 2 velike zelene ili renomirane rajčice, izrezane na ploške debljine 1/2 inča
- 2 do 4 prskanja ulja kanole

UPUTE:
a) U plitkoj posudi pomiješajte krumpirov škrob i 1/2 šalice sojinog brašna.
b) U drugoj plitkoj posudi pomiješajte mlijeko, prehrambeni kvasac i ljuti umak.
c) U trećoj plitkoj posudi pomiješajte preostalu 1/2 šalice sojinog brašna, bademovo brašno, panko krušne mrvice, dimljenu papriku, sol i papar.
d) Premažite rajčice smjesom krumpirovog škroba. Otresite sav višak škroba, a zatim umočite rajčice u mješavinu mlijeka da se prekriju. Otresite sav višak mlijeka, a zatim ubacite rajčice u začinjenu mješavinu sojinog brašna.
e) Pošpricajte košaru friteze uljem. Stavite što više rajčica u košaricu friteze. Poprskajte vrh rajčica s još ulja.
f) Kuhajte na 320°F 3 minute. Lagano protresite košaru friteze. Pojačajte vatru na 400°F i kuhajte još 2 minute.

44. Parmezan od patlidžana

SASTOJCI:
- 1 srednji patlidžan
- 1/2 šalice nebijeljenog višenamjenskog brašna
- 1 laneno jaje ili ekvivalent Follow Your Heart VeganEgg ili Ener-G zamjena za jaja
- 1 1/2 šalice panko krušnih mrvica
- 2 do 4 prskanja ekstra djevičanskog maslinovog ulja
- 1/2 šalice marinara umaka
- 1/2 šalice nasjeckanog nemliječnog parmezana

UPUTE:
a) Patlidžan operite i osušite. Narežite patlidžan na ploške, napravite 8 (1/2 inča debljine) krugova.
b) Postavite trodijelnu stanicu za jaružanje pomoću tri plitke zdjele, s brašnom u prvoj, lanenim jajima u drugoj i panko krušnim mrvicama u trećoj. Pošpricajte košaru friteze uljem.
c) Okrugli patlidžan udubite u brašno i dobro premažite. Okrugli patlidžan umočite u laneno jaje, a zatim ga udubite u panko krušne mrvice. Otresite višak krušnih mrvica i stavite krug patlidžana u košaricu friteze. Ponovite ovaj postupak s više krugova patlidžana. Ako imate dodatak za rešetku, stavite je u košaru friteze i nastavite premazivati preostale krugove patlidžana i stavite ih na rešetku. Ako imate manju fritezu ili nemate rešetku za dodavanje druge razine pečenja, pržite krugove patlidžana na zraku u 2 ili 3 serije. Poprskajte vrh svakog kruga patlidžana maslinovim uljem. Kuhajte na 360°F 12 minuta, dok ne porumene.
d) Zagrijte marinara umak u malom loncu na srednje jakoj vatri.
e) Nakon 12 minuta otvorite fritezu i dodajte 1 žlicu sira u svaki krug patlidžana i kuhajte još 2 minute. Za posluživanje stavite 3 kruga patlidžana po osobi na mali tanjur. Prelijte 2 žlice marinara umaka preko patlidžana.

45. Popečci od miješanog povrća

SASTOJCI:
- 3 žlice mljevenog lanenog sjemena
- 1/2 šalice vode
- 2 srednje rumena krumpira
- 2 šalice smrznutog miješanog povrća (mrkva, grašak i kukuruz), odmrznuto i ocijeđeno
- 1 šalica smrznutog graška, odmrznutog i ocijeđenog
- 1/2 šalice krupno nasjeckanog luka
- 1/4 šalice sitno nasjeckanog svježeg cilantra
- 1/2 šalice nebijeljenog višenamjenskog brašna
- 1/2 žličice morske soli
- Ekstra djevičansko maslinovo ulje za špricanje

UPUTE:

a) U maloj zdjelici napravite laneno jaje tako da vilicom ili pjenjačom pomiješate laneno sjeme i vodu.

b) Ogulite krumpir i narežite ga u zdjelu. (Ili upotrijebite oštricu ribeža u procesoru hrane; ako to radite, prebacite narezani krumpir natrag u zdjelu.) Dodajte miješano povrće i luk u krumpir. Dodajte cilantro i laneno jaje i promiješajte da se sjedini. Dodati brašno i sol i dobro sjediniti. Zagrijte fritezu na 360°F 3 minute.

c) Izvadite 1/3 šalice smjese krumpira kako biste oblikovali pljeskavicu. Ponavljajte ovaj postupak dok ne iskoristite svu smjesu za izradu fritula.

d) Popečke poprskati uljem. Prebacite popečke u košaricu friteze (možda ćete morati napraviti nekoliko serija, ovisno o veličini vaše friteze). Pecite fritule 15 minuta, preokrećući ih na pola vremena pečenja.

46.Kriške krumpira sa sirom

SASTOJCI:
KRUMPIR
- 1 funta prstaca krumpira
- 1 žličica ekstra djevičanskog maslinovog ulja
- 1 žličica košer soli
- 1 žličica mljevenog crnog papra
- 1/2 žličice češnjaka u prahu

UMAK OD SIRA
- 1/2 šalice sirovih indijskih oraščića
- 1/2 žličice mljevene kurkume
- 1/2 žličice paprike
- 2 žlice prehrambenog kvasca
- 1 žličica svježeg soka od limuna
- 2 žlice na 1/4 šalice vode

UPUTE:
a) Krumpir: Prethodno zagrijte fritezu na 400°F 3 minute. Operite krumpire. Krumpir prerežite po dužini na pola i prebacite u veliku zdjelu. Dodajte ulje, sol, papar i češnjak u prahu u krumpir. Bacite na kaput. Prebacite krumpir u posudu za prženje. Kuhajte 16 minuta, protresite pola vremena kuhanja.

b) Umak od sira: Pomiješajte indijske oraščiće, kurkumu, papriku, prehrambeni kvasac i limunov sok u blenderu velike brzine. Miješajte na niskoj razini, polako povećavajući brzinu i dodajući vodu po potrebi. Pazite da ne koristite previše vode, jer želite gustu, sirastu konzistenciju.

c) Premjestite kuhani krumpir u posudu za prženje ili na komad papira za pečenje. Prelijte umak od sira preko kriški krumpira. Stavite posudu u fritezu i kuhajte još 2 minute na 400°F.

47. Hasselback krumpir

SASTOJCI:
- 2 srednje rumena krumpira
- 2 prskanja ekstra djevičanskog maslinovog ulja
- 1/4 žličice morske soli
- 2 prstohvata crnog papra
- 1 žličica mljevenog češnjaka

UPUTE:
a) Krompir dobro operite. Za rezanje krumpira, položite ga na najravnije strane u veliku žlicu (kako biste spriječili da ga prerežete do kraja). Oštrim nožem zarežite s vrha prema dolje dok nož ne posluži: u kontaktu sa žlicom. Napravite ploške od 1/8 inča preko krumpira.
b) Pošpricajte krumpire uljem (ili ih premažite juhom od povrća) i na svaki pospite pola soli i prstohvat crnog papra. Stavite krumpir u fritezu i kuhajte 20 minuta na 390°F.
c) Izvadite košaricu iz friteze i utisnite 1/2 žličice češnjaka između kriški svakog krumpira. Vratite krumpir u fritezu i kuhajte još 15 do 20 minuta. (Ukupno vrijeme kuhanja trebalo bi biti oko 35 do 40 minuta; duže ako koristite velike krumpire.)

48.Poutine

SASTOJCI:
- 3 srednja crvenocrvena krumpira, izrezana na ploške od 1/4 inča, pa ponovno na trakice od 1/4 inča
- 1 žličica ulja od kikirikija ili uljane repice
- 2 šalice umaka od bijelog graha od gljiva ili pacifičkog ili Imagine umaka od gljiva
- 1/2 šalice grubo nasjeckanog Daiya Jalapeño Havarti Style Farmhouse Block sira ili naribanog parmezana Follow Your Heart

UPUTE:
a) Pomfrit isperite u hladnoj vodi. Namočiti 20 minuta. Isperite, ocijedite i osušite krumpir papirnatim ručnikom. Premjestite krumpiriće u veliku zdjelu i prelijte uljem od kikirikija.
b) Pomfrit stavite u košaricu zračne friteze i pecite 20 minuta na 390°F, protresite na pola vremena kuhanja.
c) Dok se krumpirići kuhaju, napravite umak.
d) Kada su krumpirići potpuno pečeni, stavite ih na 4 posude za posluživanje. Pospite 2 žlice sira i zatim žlicom prelijte 1/2 šalice umaka po svakoj porciji.

49. Pomfrit od slatkog krumpira

SASTOJCI:
- 2 velika bijela slatka krumpira, izrezana na ploške od 1/4 inča, pa ponovno na trakice od 1/4 inča
- 1/4 šalice tamnog veganskog piva
- 1 žličica crvenog misa
- 1 žličica uljane repice
- 1 žlica svijetlo smeđeg šećera
- 1 žličica mljevenog cimeta
- 1/2 žličice mljevenog kima
- 1/2 žličice morske soli

UPUTE:
a) Pomfrit isperite u hladnoj vodi. Pomfrit prebacite u veliku zdjelu. U maloj posudi pomiješajte pivo, miso i ulje. Prelijte pomfrit mješavinom piva, dobro promiješajte i ostavite sa strane 20 minuta.
b) Pomfrit ocijedite i vratite u zdjelu. Po krumpirićima pospite smeđi šećer, cimet, kumin i sol. Bacajte dok se dobro ne prekrije.
c) Pecite krumpiriće 15 do 20 minuta na 320°F, dok ne porumene.

50. Umami krumpirići

SASTOJCI:
- 2 velika crvenkasta krumpira, oguljena
- 1/4 šalice vruće vode
- 1 žlica Marmite ili Vegemite
- 1 žlica jabučnog octa
- Narežite krumpir na ploške od 1/4 inča, a zatim narežite ploške na trake od 1/4 inča.

UPUTE:
a) Premjestite krumpiriće u plitku tepsiju ili obrubljeni lim za pečenje.
b) Ulijte vodu u blender.
c) Uključite blender na nisku razinu i polako ulijevajte marmite.
d) Dodajte ocat, povećajte brzinu blendera na najveću i miksajte samo nekoliko sekundi. Prelijte marmite smjesu preko krumpirića. Promiješajte pomfrit hvataljkama ili rukama provjerite jesu li krumpirići prekriveni marinadom.
e) Pokrijte i ostavite sa strane oko 15 minuta.
f) Zagrijte fritezu na 360°F 3 minute. Ocijedite krumpiriće i prebacite ih u fritezu.
g) Kuhajte na 360°F 16 do 20 minuta, protresite na pola vremena kuhanja.

GLAVNO JELO

51. Cikla s gremolatom od naranče

SASTOJCI:
- 3 srednje svježe zlatne cikle (oko 1 funte)
- 3 srednje svježe cikle (oko 1 funta)
- 2 žlice soka od limete
- 2 žlice soka od naranče
- 1/2 žličice fine morske soli
- 1 žlica nasjeckanog svježeg peršina
- 1 žlica mljevene svježe kadulje
- 1 češanj češnjaka, samljeven
- 1 žličica ribane narančine korice
- 2 žlice suncokretovih koštica

UPUTE:
a) Zagrijte fritezu na 400°.
b) Oribajte ciklu i odrežite vrhove za 1 inč. Stavite ciklu na dvostruku debljinu čvrste folije (oko 24x12 in.). Savijte foliju oko cikle, čvrsto zatvorite.
c) Stavite u jednom sloju na pladanj u košaricu friteze. Kuhajte dok ne omekša, 4555 minuta. Pažljivo otvorite foliju kako bi para izašla.
d) Kad se dovoljno ohladi za rukovanje, ogulite, prepolovite i narežite ciklu; stavite u zdjelu za posluživanje. Dodajte sok od limete, sok od naranče i sol; baciti na kaput. Pomiješajte peršin, kadulju, češnjak i koricu naranče; pospite preko cikle. Na vrh stavite suncokretove koštice. Poslužite toplo ili ohlađeno.

52.Losos s balzamičnim špinatom

SASTOJCI:
- 3 žličice maslinovog ulja, podijeljene
- 4 fileta lososa (6 unci svaki)
- 11/2 žličice začina za plodove mora sa smanjenim udjelom natrija
- 1/4 žličice papra
- 1 češanj češnjaka, narezan na ploške
- Natrljajte zdrobljene pahuljice crvene paprike
- 10 šalica svježeg mladog špinata (oko 10 unci)
- 6 malih rajčica, očišćenih od sjemenki i izrezanih na 1/2 inča. komada
- 1/2 šalice balzamičnog octa

UPUTE:
a) Zagrijte fritezu na 450°. Utrljajte 1 žličicu ulja preko obje strane lososa; pospite začinima za plodove mora i popaprite.
b) Ako je potrebno, u serijama stavite losos na podmazan pladanj u košaricu friteze. Kuhajte dok se riba ne počne lako ljuštiti vilicom, 1012 minuta.
c) U međuvremenu stavite preostalo ulje, češnjak i ljuskice papra u 6qt. stockpot; zagrijavajte na srednje niskoj vatri dok češnjak ne omekša 34 minute. Pojačajte toplinu na srednje jaku.
d) Dodati špinat; kuhajte i miješajte dok ne uvene, 31 minute. Umiješajte rajčice; toplina kroz. Podijelite u 4 posude za posluživanje.
e) U malom loncu zakuhajte ocat. Kuhajte dok se ocat ne reducira na pola, 23 minute. Odmah maknite s vatre.
f) Za posluživanje stavite losos preko smjese špinata. Prelijte glazurom od balzama.

53.Pržena tikva s češnjakom i začinskim biljem

SASTOJCI:
- 5 šalica prepolovljenih malih tikvica (oko 1 1/4 funte)
- 1 žlica maslinovog ulja
- 2 režnja češnjaka, mljevena
- 1/2 žličice soli
- 1/4 žličice sušenog origana
- 1/4 žličice suhe majčine dušice
- 1/4 žličice papra
- 1 žlica nasjeckanog svježeg peršina

UPUTE:
a) Zagrijte fritezu na 375°. Stavite squash u veliku zdjelu. Pomiješajte ulje, češnjak, sol, origano, majčinu dušicu i papar; kiši preko tikve.
b) Bacite na kaput. Tikvice stavite na podmazan pladanj u košaricu friteze. Kuhajte dok ne omekša, 1015 minuta, povremeno miješajući.
c) Pospite peršinom.

54. Odresci od gljiva

SASTOJCI:
- 4 velike Portobello gljive
- 23 žlice maslinovog ulja
- 2 žličice tamari soja umaka
- 1 žličica pirea od češnjaka
- soli po ukusu

UPUTE:
a) Prethodno zagrijte Air Fryer na 350F / 180C.
b) Gljive očistite vlažnom krpom ili četkom i uklonite im peteljke.
c) U posudi pomiješajte maslinovo ulje, tamari soja umak, pire od češnjaka i sol.
d) Dodajte gljive i miješajte dok se ne prekrije. Smjesom možete premazati gljive i pomoću kista. Možete kuhati odmah ili ostaviti gljive da odstoje 10 minuta prije kuhanja.
e) Dodajte gljive u košaricu friteze i kuhajte 810 minuta.
f) Poslužite gljive u fritezi s češnjakom s malo zelene salate.

55. Umak od bijelog graha od gljiva

SASTOJCI:
- 1/4 šalice nemliječnog maslaca
- 3 češnja češnjaka, grubo nasjeckana
- 1/2 šalice krupno nasjeckanog žutog luka
- 1 šalica grubo nasjeckanih shiitake gljiva
- 1/8 žličice sušene kadulje
- 1/8 žličice sušenog ružmarina
- 1/8 žličice mljevenog crnog papra
- 1 1/4 šalice juhe od povrća
- 1/4 šalice soja umaka s niskim sadržajem natrija
- 1 (15 unci) konzerva bijelog graha, ocijeđenog i ispranog
- 1/8 do 1/4 šalice pahuljica hranjivog kvasca

UPUTE:

a) Zagrijte maslac u malom loncu na srednje jakoj vatri. Dodajte češnjak i luk i pirjajte dok luk ne postane proziran. Dodajte gljive, kadulju, ružmarin i papar. Dobro promiješajte. Umiješajte juhu i sojin umak. Zakuhajte smjesu.

b) Dodajte mahune. Koristite uronjeni blender u posudi za miješanje umaka 20 do 30 sekundi ili dok ne postane glatko. Alternativno, možete prebaciti umak u blender i miksati dok ne postane glatko, a zatim vratiti umak natrag u posudu nakon miješanja.

c) Poklopite lonac, smanjite vatru na srednju i kuhajte 5 minuta uz povremeno miješanje. Dodati hranjivi kvasac, dobro promiješati, zatim poklopiti lonac i kuhati još 5 minuta uz miješanje po potrebi.

56.Kelj i krumpirovi komadići

SASTOJCI:
- 2 šalice sitno nasjeckanog krumpira
- 1 žličica ekstra djevičanskog maslinovog ulja ili ulja uljane repice
- 1 režanj češnjaka, samljeven
- 4 šalice slobodno pakiranog krupno nasjeckanog kelja
- 1/8 šalice bademovog mlijeka
- 1/4 žličice morske soli
- 1/8 žličice mljevenog crnog papra
- Biljno ulje u spreju, po potrebi

UPUTE:
a) Dodajte krumpire u veliki lonac kipuće vode. Kuhajte dok ne omekša, oko 30 minuta.
b) U velikoj tavi zagrijte ulje na srednje jakoj vatri. Dodajte češnjak i pirjajte dok ne porumeni. Dodajte kelj i pirjajte 2 do 3 minute. Prebacite u veliku zdjelu.
c) Kuhani krumpir ocijedite i prebacite u srednju zdjelu. Dodajte mlijeko, sol, papar i zgnječite vilicom ili gnječilicom za krumpir. Krompir prebacite u veliku zdjelu i pomiješajte s kuhanim keljom.
d) Zagrijte fritezu na 390°F 5 minuta.
e) Smjesu krumpira i kelja razvaljajte u komade od 1 inča. Pošpricajte košaru friteze biljnim uljem. Stavite nuggetse u fritezu i kuhajte ih 12 do 15 minuta, dok ne porumene, uz protresanje 6 minuta.

57. Osnovni tofu pržen na zraku

SASTOJCI:
- 1 paket (14 unci) ekstra čvrstog tofua, smrznutog, odmrznutog, ocijeđenog i prešanog
- 1 žličica sezamovog ulja
- 1/4 šalice soja umaka ili tamarija s niskim sadržajem natrija
- 2 žlice rižinog octa
- 2 žličice mljevenog đumbira, podijeljene
- 2 žličice kukuruznog ili krumpirovog škroba
- 1 žličica brašna od slanutka ili brašna od smeđe riže

UPUTE:
a) Narežite blok tofua na 12 kockica i prebacite ih u hermetički zatvorenu posudu.
b) U maloj posudi pomiješajte ulje, sojin umak, ocat i 1 žličicu đumbira. Prelijte uljnu mješavinu preko kockica tofua, pokrijte posudu i stavite u hladnjak da se marinira najmanje 1 sat (idealno 8 sati).
c) Ocijedite marinirani tofu i premjestite ga u srednje veliku zdjelu. U maloj zdjeli pomiješajte kukuruzni škrob, brašno od slanutka i preostalu 1 žličicu đumbira. Pospite smjesu kukuruznog škroba po ocijeđenom tofuu i nježno promiješajte hvataljkama, oblažući sve komadiće tofua.
d) Prebacite tofu u fritezu. Kuhajte na 350°F 20 minuta. Protresite 10 minuta.

58. Mongolski tofu

SASTOJCI:
- Osnovni tofu pržen na zraku
- 1/4 šalice soja umaka s niskim sadržajem natrija
- 1/4 šalice vode
- 1/8 šalice šećera
- 3 češnja češnjaka, nasjeckana
- 1/4 žličice mljevenog đumbira

UPUTE:

a) Dok se tofu kuha u fritezi, pomiješajte sojin umak, vodu, šećer, češnjak i đumbir u loncu na srednje jakoj vatri. Pustite da smjesa lagano prokuha, a zatim odmah smanjite vatru i kuhajte uz povremeno miješanje.

b) Kada je tofu gotov, prebacite ga u posudu za umake, nježno ubacujući tofu u umak dok se sve kockice ne obliože. Poklopite i kuhajte na laganoj vatri oko 5 minuta (ili dok tofu ne upije umak).

59.Tofu sa sezamom

SASTOJCI:

- 1 paket (14 unci) ekstra čvrstog tofua, smrznutog, odmrznutog, ocijeđenog i prešanog
- 1/4 šalice tamari ili soja umaka
- 1/8 šalice rižinog octa
- 1/8 šalice mirina (vidi napomenu)
- 2 žličice sezamovog ulja
- 2 žličice svijetlog ili tamnog agavinog sirupa ili veganskog meda
- 2 žličice mljevenog češnjaka
- 1 žličica naribanog svježeg đumbira
- 1 do 2 prskanja ulja kanole
- 2 žlice sjemenki crnog sezama
- 2 žlice bijelog sezama
- 1 žličica krumpirovog škroba

UPUTE:

a) Stavite tofu u hermetički zatvorenu posudu veličine bloka tofua tako da ga marinada potpuno prekrije. U maloj posudi pomiješajte tamari, ocat, mirin, sezamovo ulje, agavu, češnjak i đumbir. Prelijte marinadu preko tofua, pokrijte posudu i ostavite u hladnjaku 1 do 8 sati (što duže to bolje).

b) Izvadite tofu iz posude i prepolovite ga po dužini. Zatim svaku polovicu prepolovite po dužini i oblikujte 4 tofu odreska. Utrljajte obje strane svakog komada u marinadu.

c) Pošpricajte košaru friteze uljem kanole. Zagrijte fritezu na 390°F 3 minute.

d) Na veliki tanjur pospite sjemenke crnog sezama, sjemenke bijelog sezama i krumpirov škrob. Dobro sjediniti. Odrezak tofua utisnite u sjemenke, preokrenite i utisnite drugu stranu tofua u sjemenke. Stavite tofu u košaricu friteze i nježno tapkajte sjemenke na vrhu tofua na mjesto. Dodajte još sjemenki, ako je potrebno, lagano ih utapkavajući u tofu. Odložite krišku tofua na tanjur.

e) Poprskajte vrh tofua s dodatnim uljem kanole. Kuhajte na 390°F 15 minuta. Nakon otprilike 7 minuta, nježno hvataljkama provjerite da se tofu nije zalijepio. (Ne okrećite tofu!)

60.Sambal Goreng Tempeh

SASTOJCI:
- 8 unci tempeha, izrezati na 12 jednakih kockica
- 2 šalice tople vode
- 2 žličice morske soli
- 1/2 žličice mljevene kurkume
- 1 žličica ulja repice ili ulja avokada
- 2 žličice tofuna ribljeg umaka ili 1 žličica soja umaka s niskim sadržajem natrija
- pomiješana s 1/4 žličice dulse pahuljica
- 4 češnja češnjaka
- 1/2 šalice sitno nasjeckanog luka
- 1 žličica paste od čilija i češnjaka
- 1 žličica paste od tamarinda
- 2 žlice paste od rajčice
- 2 žlice vode
- 2 žličice ponzu umaka

UPUTE:
a) Stavite tempeh u zdjelu srednje veličine. U srednje velikoj posudi za mjerenje pomiješajte toplu vodu i sol i prelijte tempeh. Ostavite tempeh da se namače 5 do 10 minuta.
b) Ocijedite tempeh i vratite ga u zdjelu. Dodajte kurkumu, ulje i tofuna riblji umak, miješajući hvataljkama da se dobro prekrije.
c) Premjestite kockice tempeha u košaricu air friteze. Kuhajte na 320°F 10 minuta. Protresite košaru friteze, povećajte toplinu na 400°F i kuhajte još 5 minuta.
d) Dok je tempeh u fritezi, pomiješajte češnjak, luk, pastu od češnjaka i čilija, pastu od tamarinda, pastu od rajčice, vodu i ponzu umak u procesoru hrane i kuhajte 20 do 30 sekundi. Prebacite ovu smjesu u srednju posudu za umake i pustite da brzo prokuha na srednje jakoj vatri. Umak poklopite, smanjite vatru i pirjajte 10 minuta.
e) Kuhani tempeh prebacite u lonac i žlicom ili hvataljkama ubacite u umak da se svaki komad dobro obloži. Poklopite i kuhajte na laganoj vatri 5 minuta.

61.Tempeh ćevapi

SASTOJCI:
- 8 unci tempeha
- 3/4 šalice juhe od povrća s niskim sadržajem natrija
- Sok od 2 limuna
- 1/4 šalice tamarija ili soja umaka s niskim sadržajem natrija
- 2 žličice ekstra djevičanskog maslinovog ulja
- 1 žličica javorovog sirupa ili tamnog agavinog sirupa
- 2 žličice mljevenog kima
- 1 žličica mljevene kurkume
- 1/2 žličice mljevenog crnog papra
- 3 češnja češnjaka, nasjeckana
- 1 srednji crveni luk, narezan na četvrtine
- 1 mala zelena paprika babura, tanko narezana
- 1 šalica narezanih šampinjona s peteljkom
- 1 šalica prepolovljenih cherry rajčica

UPUTE:

a) Tempeh kuhajte na pari 10 minuta u loncu na štednjaku. Alternativno, kuhajte tempeh na pari 1 minutu na niskom tlaku u instant loncu ili ekspres loncu; koristite brzo otpuštanje. Pomiješajte juhu, limunov sok, tamari, ulje, javorov sirup, kumin, kurkumu, papar i češnjak u srednjoj posudi. Staviti na stranu.

b) Tempeh narežite na 12 kockica. Premjestite ih u hermetički zatvorenu posudu. Stavite povrće u drugu hermetički zatvorenu posudu. Polovicom marinade prelijte tempeh, a polovicom povrće. Pokrijte oboje i stavite u hladnjak na 2 sata (ili preko noći). Ocijedite tempeh i povrće, a marinadu ostavite.

c) Na ražnjiće nanizati 4 kockice tempeha naizmjence s povrćem i tako napraviti ćevap. Ponovite ovaj postupak da napravite još 3 ćevapa. Stavite ćevape u košaricu friteze ili na pribor za rešetku. (Ako koristite manju fritezu, možda ćete morati kuhati u dvije serije.) Kuhajte na 390°F 5 minuta. Okrenite ćevape i pokapajte ih preostalom marinadom. Kuhajte još 5 minuta.

62.Zapečeni Gigante grah

SASTOJCI:
- 1 1/2 šalice kuhanog ili konzerviranog graha s maslacem ili velikog sjevernog graha, ispranog i ocijeđenog
- 1 žličica ekstra djevičanskog maslinovog ulja ili ulja uljane repice
- 1 mali luk, izrezan na 1/8 inča debele kriške polumjeseca
- 1 režanj češnjaka, samljeven
- 1 (8 unci) konzerva umaka od rajčice
- 1 žlica krupno nasjeckanog svježeg peršina
- 1/2 žličice sušenog origana
- 1/2 žličice veganske granule pileće bujone ili soli (po želji)
- 1/4 žličice svježe mljevenog crnog papra

UPUTE:
a) Stavite grah u vatrostalnu posudu ili tavu prikladnu za fritezu.
b) Zagrijte ulje u srednje jakoj tavi na srednje jakoj vatri. Dodajte luk i češnjak i pirjajte 5 minuta. Dodajte umak od rajčice, peršin, origano i granule bujona. Zakuhajte smjesu, pokrijte lonac, smanjite vatru i kuhajte 3 minute.
c) Zagrijte fritezu na 360°F 3 minute. Smjesu rajčice prelijte preko graha i dobro promiješajte. Po grahu pospite papriku. Stavite grah u košaricu friteze. Kuhajte na 360°F 8 minuta.

63. Osobne pizze

SASTOJCI:
- 4 unce pripremljenog tijesta za pizzu ili kupljenog tijesta za vegansku pizzu
- 2 prskanja ekstra djevičanskog maslinovog ulja
- 1/3 šalice umaka za pizzu
- 1/3 šalice nemliječnog naribanog sira mozzarella, podijeljeno
- 1/2 luka, izrezanog na 1/8-inča debele kriške polumjeseca
- 1/4 šalice narezanih gljiva
- 2 do 3 crne ili zelene masline očišćene od koštica i narezane na ploške
- 4 lista svježeg bosiljka

UPUTE:
a) Stavite tijesto za pizzu na lagano pobrašnjenu radnu površinu i razvaljajte ga ili ga rukama istisnite (imajući na umu veličinu košarice friteze kako biste bili sigurni da stane). Pošpricajte tijesto uljem i stavite ga, nauljenom stranom prema dolje, u košaricu friteze. Kuhajte na 390°F 4 do 5 minuta.
b) Nakon što je tijesto prethodno skuhano, otvorite fritezu—budite oprezni jer je košarica vruća—i premažite umak preko tijesta. Preko umaka pospite pola sira. Dodajte luk, gljive, masline i bosiljak. Preko nadjeva pospite preostali sir.
c) Pecite na 390°F 6 minuta (ili 7 do 8 minuta za vrlo hrskavu koricu).
d) Lopaticom izvadite pizzu iz friteze.

64. Pržene hrenovke

SASTOJCI:
- 4 veganske hrenovke
- 2 žličice nemliječnog maslaca
- 4 hrenovke s perecima ili kupovne veganske hrenovke

UPUTE:
a) Hrenovke narežite po dužini bez rezanja do kraja. Raširite hrenovke ravno, s prerezanom stranom prema gore. Svaku hrenovku premažite s 1/2 žličice maslaca.
b) Hrenovke stavite maslacem prema dolje u fritezu. Kuhajte na 390°F 3 minute. Izvadite i ostavite sa strane.
c) Stavite hrenovke u fritezu i zagrijavajte ih na 400°F 1 minutu da se lagano tostiraju. Poslužite hrenovke u pecivima s omiljenim začinima.

65. Corn Dogs

SASTOJCI:
- 1/2 šalice kukuruznog brašna
- 1/2 šalice nebijeljenog višenamjenskog brašna
- 2 žlice granuliranog šećera
- 1 žličica praška za pecivo
- 1/2 žličice paprike
- 1/2 žličice mljevenog senfa
- 1/4 žličice soli
- 1/8 žličice crnog papra
- 1/2 šalice ledeno hladne vode
- 2 žlice Follow Your Heart VeganEgg
- 1/2 šalice sojinog mlijeka
- 6 veganskih hrenovki

UPUTE:
a) U velikoj zdjeli pomiješajte kukuruznu krupicu, brašno, šećer, prašak za pecivo, papriku, senf, sol i papar.
b) U maloj posudi umutite vodu i VeganEgg. Dodajte mlijeko i dobro sjedinite. Polako umiješajte vodenu smjesu u smjesu kukuruznog brašna, miješajući da dobijete glatku smjesu. Ulijte tijesto u visoku staklenku ili čašu za piće. Zagrijte fritezu na 390°F 5 minuta.
c) Položite 6 (3 x 5-inča) komada pergamentnog papira (dovoljno velikih da zarolate svaki izlupani corn dog).
d) Stavite 1 hrenovku na drveni štapić i umočite je u tijesto.
e) Stavite corn dog na četvrtast papir za pečenje i smotajte hrenovku. Ponovite ovaj postupak s preostalim hrenovkama. Posljednji može postati neuredan; ako je potrebno, stavite ga na tanjur i ostružite preostalo tijesto iz posude za pečenje i utrljajte tijesto na hrenovku prije nego što je smotate u papir za pečenje.
f) Stavite zamotane corn dogs u veliku vrećicu za zamrzavanje, položite je ravno u zamrzivač. Ohladite u zamrzivaču minimalno 2 sata.
g) Izvadite izlupane corn dogs iz zamrzivača i odmotajte ih. Stavite komad papira za pečenje na košaru friteze (dovoljno da prekrije dno, ali bez viška papira iznad dna košare). Stavite corn dogs na papir za pečenje.
h) Možda ćete to morati raditi u serijama, ovisno o veličini friteze; ako je tako, ostavite preostale corn dogove u zamrzivaču dok ih ne budete spremni koristiti. Kuhajte na 390°F 12 minuta.

66.Punjeni pečeni krumpir

SASTOJCI:
- 2 srednje crvena krumpira, oguljena
- 1 šalica ostataka domaćeg čilija ili gulaša ili 1 (15 unci) konzerva veganskog čilija ili gulaša
- 1/2 šalice nemliječnog nasjeckanog sira cheddar ili mozzarella
- 1/4 šalice nemliječnog kiselog vrhnja
- 2 žlice sitno nasjeckanog vlasca

UPUTE:
a) Probušite krumpire vilicom i posložite ih u košaricu air friteze. Kuhajte na 390°F 30 minuta.
b) Zagrijte čili na štednjaku ili u mikrovalnoj pećnici dok ne bude vruć.
c) Pažljivo izvadite krumpir iz košarice i narežite ga uzdužno bez rezanja do kraja. Žlicom stavite 1/2 šalice ljutog čilija u svaki krumpir. Dodajte 1/4 šalice sira preko svakog krumpira.
d) Vratite krumpire u fritezu i nastavite kuhati na 390°F još 5 do 10 minuta. Krumpir poslužite s malo kiselog vrhnja i vlascem.

67.Pržene mahune i slanina

SASTOJCI:
- 6 unci Tempeh slanine ili veganske slanine iz trgovine
- 1 žličica Vegan Magic ili DIY "Vegan Magic"
- 1 žličica granuliranog šećera
- 12 unci svježeg haricots verts (francuski zeleni grah)

UPUTE:
a) Stavite slaninu u košaricu air friteze. Kuhajte na 390°F 5 minuta.
b) U tavi prikladnoj za fritezu pomiješajte Vegan Magic i šećer. Dodajte povrće od haricotsa i promiješajte ih hvataljkama da ih obložite mješavinom Vegan Magic.
c) Izvadite slaninu iz košarice friteze. Slaninu pažljivo narežite na kockice. Dodajte slaninu u tavu i pomiješajte s biljnim mesom.
d) Kuhajte na 390°F 4 minute.

68. Pečeni špageti

SASTOJCI:
- 4 unce tankih špageta
- 1 žličica ekstra djevičanskog maslinovog ulja
- 8 unci veganskih goveđih mrvica
- 1/4 šalice sitno nasjeckanog luka
- 2 češnja češnjaka, mljevena
- 1 žličica sušenog origana
- 1 žličica sušenog bosiljka
- 1 do 2 prskanja ekstra djevičanskog maslinovog ulja
- 1 (15 unci) staklenka marinara umaka
- 1 šalica nemliječnog naribanog sira mozzarella

UPUTE:
a) Kuhajte špagete u velikom loncu s kipućom vodom dok ne budu al dente, oko 8 minuta. Ocijedite i ostavite sa strane.
b) Zagrijte ulje u velikoj tavi na laganoj vatri. Dodajte mrvice, luk, češnjak, origano i bosiljak. Pirjajte dok se mrvice ne zagriju, 5 do 7 minuta.
c) Pošpricajte uljem posudu prikladnu za fritezu koja stane u fritezu. Polovicu špageta prebacite u posudu. Dodajte polovicu mrvica, polovicu marinara umaka i polovicu sira. Dodajte preostale špagete, preostale mrvice, još jedan sloj marinara umaka i preostali sir. Kuhajte na 350°F 15 minuta.

69.Kuglice od mesa

SASTOJCI:
- 1/2 šalice suhog TVP-a
- 1/2 šalice juhe od povrća
- 1 1/2 šalice kuhanog (ili konzerviranog) cannellini graha, ocijeđenog i ispranog
- 1/4 šalice mljevenog lanenog sjemena
- 2 žlice sjemenki sezama
- 2 žlice brašna od slanutka
- 1 žličica morske soli
- 2 žlice prehrambenog kvasca
- 1 žličica sušenog bosiljka
- 1 žličica suhe majčine dušice
- 1 žličica ljutog umaka
- 1 do 2 prskanja ulja kanole

UPUTE:
a) Stavite TVP u srednju zdjelu i prelijte ga juhom. Ostavite TVP da se rehidrira 10 minuta. Prebacite TVP u multipraktik i dodajte grah, laneno sjeme, sezam, brašno, sol, prehrambeni kvasac, bosiljak, majčinu dušicu i ljuti umak. Miješajte dok sastojci ne dobiju konzistenciju poput tijesta.
b) Formirajte mesne okruglice tako da zagrabite oko 2 žlice TVP smjese i uvaljate ih u dlanove.
c) Pošpricajte košaru friteze uljem. Stavite mesne okruglice u košaricu (možda ćete morati kuhati više od jedne serije, ovisno o veličini vaše friteze).
d) Kuhajte na 360°F 10 do 12 minuta, protresite na pola vremena kuhanja.

70.Pečeni sejtan na chick'n-style

SASTOJCI:
- 1 šalica suhe mješavine seitana
- 3/4 šalice veganske pileće juhe
- 1 žlica tamarija s niskim udjelom natrija
- 1/2 žličice uljane repice
- 1/2 žličice crne melase
- 1 do 2 prskanja biljnog ulja u spreju

UPUTE:
a) Ulijte suhu mješavinu seitana u zdjelu samostojećeg miksera.
b) U maloj zdjeli pomiješajte juhu, tamari, ulje kanole i melasu.
c) Namjestite samostojeći mikser s kukom za tijesto i uključite mikser na nisku razinu. Polako dodajte mješavinu juhe u mješavinu suhog seitana. Povećajte brzinu samostojećeg miksera na najveću i mijesite seitan 5 minuta.
d) Podmažite posudu za pečenje od 7 inča s 1 do 2 prskanja biljnog ulja. Utisnite seitan u tavu. (Ako je ovo preveliko za vašu fritezu, pronađite posudu odgovarajuće veličine za pećnicu. Možda ćete morati kuhati seitan u dvije serije.) Pokrijte posudu za pečenje folijom.
e) Stavite posudu u fritezu. Kuhajte na 350°F 10 minuta. Izvadite posudu iz friteze, otkrijte, preokrenite seitan lopaticom i ponovno pokrijte posudu. Kuhajte još 10 minuta.

71.Suha mješavina seitana

SASTOJCI:
- 3 šalice vitalnog pšeničnog glutena
- 1/2 šalice brašna od slanutka
- 1/4 šalice prehrambenog kvasca
- 4 žličice veganskog začina za piletinu
- 1 žličica češnjaka u prahu
- 1 žličica svježe mljevenog crnog papra

UPUTE:
a) Pomiješajte gluten, brašno, prehrambeni kvasac, začin za piletinu, češnjak u prahu i papar u velikoj zdjeli.
b) Prebacite smjesu u hermetički zatvorenu posudu, kao što je velika staklenka, i čuvajte je u hladnjaku do 3 mjeseca.

72. Chick'n-Fried Steak

SASTOJCI:
- 1 šalica suhe mješavine seitana
- 3/4 šalice veganske pileće juhe
- 1 žlica tamarija s niskim udjelom natrija
- 1/2 žličice uljane repice
- 1/2 žličice crne melase
- 1 do 2 prskanja biljnog ulja
- 1/2 šalice sojinog ili drugog nemliječnog mlijeka
- 3 žlice umaka za roštilj
- 3 žlice brašna od slanutka
- 1 šalica nebijeljenog višenamjenskog brašna
- 1/4 šalice prehrambenog kvasca
- 2 žlice kukuruznog brašna
- 1 žličica češnjaka u prahu
- 1/2 žličice morske soli
- 1/4 žličice crnog papra

UPUTE:

a) Ulijte suhu mješavinu seitana u zdjelu samostojećeg miksera.
b) U maloj zdjeli pomiješajte juhu, tamari, ulje kanole i melasu.
c) Namjestite samostojeći mikser s kukom za tijesto i uključite mikser na nisku razinu. Polako dodajte mješavinu juhe u mješavinu suhog seitana. Pojačajte brzinu miksera na najjaču i mijesite seitan 5 minuta.
d) Pošpricajte posudu za pečenje 7 x 7 x 3 inča s 1 do 2 prskanja biljnog ulja u spreju. Utisnite seitan u pripremljenu posudu. (Ako je ova posuda prevelika za vašu fritezu, pronađite posudu odgovarajuće veličine za pećnicu. Možda ćete morati kuhati seitan u dvije serije.) Prekrijte posudu za pečenje folijom.
e) Stavite posudu u fritezu. Kuhajte na 350°F 10 minuta. Izvadite posudu iz friteze, otkrijte, preokrenite seitan lopaticom i ponovno pokrijte posudu. Kuhajte još 10 minuta. Izvadite seitan iz friteze i ostavite sa strane.
f) U srednjoj zdjeli pomiješajte mlijeko, umak za roštilj i brašno od slanutka u srednjoj zdjeli.
g) U maloj zdjeli pomiješajte višenamjensko brašno, prehrambeni kvasac, kukuruznu krupicu, češnjak u prahu, sol i papar. Prebacite pola višenamjenske mješavine brašna u hermetički zatvorenu posudu, a pola u plitku posudu za jaružanje.
h) Zagrijte fritezu na 370°F 3 minute. Nakon što se seitan dovoljno ohladi da ga možete dodirivati, narežite ga na 4 dijela.
i) Svaki komadić seitana umočite u mliječnu smjesu. Zatim provucite sejtan kroz višenamjensku mješavinu brašna. Ako je potrebno, dodajte još višenamjenske mješavine brašna iz hermetički zatvorene posude (u suprotnom, pohranite preostalu višenamjensku mješavinu brašna u hladnjak za buduću upotrebu). Ne bacajte mliječnu smjesu nakon što su svi komadi seitana istučeni.
j) Kuhajte tučeni seitan na 370°F 2 minute. Okrenite seitan hvataljkama i kuhajte još 2 minute. Izvadite chik'n-fried odreske iz friteze i uronite ih natrag u preostalu mliječnu smjesu, okrećući ih da obliže obje strane.
k) Vratite chik'n-fried odreske u fritezu i pecite ih još 3 minute.

73.Chick'n Pot Pie

SASTOJCI:
- Tijesto za pržene kekse ili veganski keks pripremljen u jednoj tubi (16 unci).
- 1 žličica ekstra djevičanskog maslinovog ulja (po želji)
- 2 češnja češnjaka, mljevena
- 1 šalica sitno nasjeckanog luka
- 1/2 šalice sitno nasjeckane mrkve
- 1/2 šalice krupno nasjeckanog celera
- 1 žličica suhe majčine dušice
- 1/2 žličice morske soli
- 1/4 žličice crnog papra
- 4 unce veganskih pilećih trakica, odmrznutih ako su smrznute
- 1 šalica umaka od bijelog graha od gljiva ili veganskog umaka od gljiva marke Pacific ili marke Imagine

UPUTE:

a) Pripremiti pola tijesta za biskvit i ostaviti sa strane (ne peći).
b) Zagrijte ulje u velikoj tavi na srednje jakoj vatri. Dodajte češnjak, luk, mrkvu, celer, majčinu dušicu, sol i papar i kuhajte 5 do 8 minuta dok mrkva ne omekša uz lagano krckanje.
c) Grubo nasjeckajte pileće trakice i dodajte ih u tavu. Ulijte umak u tavu, promiješajte i pustite da smjesa zavrije. Poklopite, smanjite vatru i pustite da lagano kuha 10 minuta.
d) Podijelite smjesu za pitu u 2 ramekina (promjera 5 inča) ili posude za pečenje.
e) Zagrijte fritezu na 360° 5 minuta. Ako koristite tijesto za prženi biskvit, tijesto podijelite na pola. Rukama izravnajte 2 komada tijesta kako biste prešli preko svake ramkene. Ako koristite kupovne kekse, Sastojci ukupno 4 keksa. Rukama sjedinite 2 biskvita i poravnajte ih u tijesto za pokrivanje ramekina. Ponovite ovaj postupak da napravite drugi komad tijesta za drugi ramekin.
f) Uzmite 1 polovicu tijesta za biskvit i prekrijte ramekinu. Navijte tijesto oko ruba ramekina da potpuno prekrije smjesu za pitu. Ponovite ovaj postupak s drugom polovicom biskvitnog tijesta i drugom ramekinom.
g) Stavite ramekine u fritezu. (Možda ćete morati pripremati jednu po jednu pitu, ovisno o veličini vaše friteze; ako je tako, stavite prvu kuhanu pitu u toplu pećnicu dok pečete drugu.)
h) Pecite pite na 360°F 8 minuta, dok ne porumene. Koristite silikonske rukavice ili vruće jastučiće s lopaticom kako biste pažljivo izvadili kolače iz friteze.

74. Prženi tacosi

SASTOJCI:
- 4 (6 inča) tortilje od brašna
- 4 prskanja uljane repice u spreju
- 2 šalice smrznutih veganskih začinjenih goveđih mrvica (kao što je Beyond Meat Feisty Crumble)
- 1 šalica nasjeckanog nemliječnog sira cheddar ili papra
- 2 šalice narezane zelene salate
- 1 šalica sitno nasjeckanih rajčica
- 1/2 šalice sitno nasjeckanog luka

UPUTE:
a) Zagrijte fritezu na 360°F 3 minute. Stavite držač za tacos od nehrđajućeg čelika u fritezu.
b) Pošpricajte jednu stranu tortilja uljem kanole. Umetnite tortilje u držač za tacos, nauljenom stranom prema van. Zagrabite 1/2 šalice goveđih mrvica u svaku tortilju. Dodajte 1/4 šalice sira svakoj tortilji.
c) Kuhajte na 360°F 8 minuta.
d) Uklonite postolje za tacos iz friteze pomoću hvataljki. Svaki taco ukrasite s 1/2 šalice zelene salate, 1/4 šalice rajčica i 2 žlice luka.

75.Gurmanski sir na žaru

SASTOJCI:
- 1 mala anjou ili azijska kruška (ili bilo koja sočna, mekana kruška)
- 1 mali vidalia ili slatki luk
- 1/4 žličice šećera
- 1/2 do 1 čajna žličica ekstra djevičanskog maslinovog ulja ili nemliječnog maslaca
- 1/2 šalice nemliječnog krem sira
- 4 kriške kruha s kiselim tijestom ili drugog hrskavog kruha
- 2 do 4 prskanja ekstra djevičanskog maslinovog ulja

UPUTE:
a) Krušku narežite uzdužno na tanke ploške. Luk narežite na tanke ploške polumjeseca. Stavite krušku, luk i šećer na komad folije.
b) Prelijte uljem (ili stavite maslac) kruške i luk. Labavo omotajte foliju oko kruške i luka. Stavite vrećicu od folije u fritezu sa zračnom košarom. Kuhajte na 390°F 15 minuta.
c) Uklonite vrećicu od folije iz friteze pomoću hvataljki ili lopatice, otvorite foliju da ispustite paru i ostavite sa strane.
d) Na 1 krišku kruha namažite 2 žlice krem sira. Hvataljkama stavite polovicu karamelizirane kruške i luk na kremu od sira. Na drugu krišku kruha namažite još 2 žlice krem sira. Stavite ovu krišku kruha na vrh kruške i luka.
e) Ponovite ovaj postupak za izradu drugog sendviča. Poprskajte košaru friteze uljem. Stavite sendviče u fritezu.
f) Poprskajte vrh kruha s još ulja. Pecite na 390°F 5 do 7 minuta, dok kruh ne porumeni.

76. Pečeni slanutak i brokula

SASTOJCI:

- 1 (15 unci) limenka slanutka, ocijeđena, isprana i osušena tapkanjem
- 1/2 šalice tankih polumjesečevih kriški luka
- 1 žličica uljane repice
- 1 žličica soja umaka s niskim sadržajem natrija
- 1 žličica mljevenog đumbira
- 1/2 žličice granuliranog češnjaka
- 1/2 žličice crnog papra
- 1/2 žličice curry praha
- 2 šalice cvjetića brokule
- 1 žlica sjemenki sezama, za posluživanje

UPUTE:

a) Pomiješajte slanutak, luk, ulje i soja umak u velikoj zdjeli. Dodajte đumbir, granulirani češnjak, papar i curry prah i miješajte dok sav slanutak ne bude dobro obložen.

b) Premjestite slanutak u košaricu friteze pomoću šupljikave žlice (kako biste sačuvali ulje i marinadu od soja umaka). Kuhajte na 390°F 7 minuta, mućkajući 5 minuta.

c) U velikoj zdjeli pomiješajte brokulu s ostatkom marinade.

d) Prebacite u fritezu nakon što su se slanutak i luk kuhali 7 minuta. Lagano pomiješajte brokulu sa slanutkom i lukom.

e) Nastavite kuhati na 390°F još 5 minuta, mućkajući na pola vremena kuhanja, dok brokula ne omekša, ali zadrži lagano krckanje.

f) Pospite 1/2 žlice sjemenki sezama po svakoj porciji.

77.Seitan Fajitas

SASTOJCI:
- 8 unci pečenog chick'n-style seitana , izrezanog na trake debljine 1/2 inča ili kupljene seitane u trgovini
- 1 velika crvena paprika, izrezana na trake debljine 1/4 inča
- 1 velika zelena paprika, izrezana na trake debljine 1/4 inča
- 1 srednji luk, izrezan na 1/4 inča debele kriške polumjeseca
- 3 češnja češnjaka, grubo nasjeckana
- 1 žličica uljane repice
- 1/2 žličice čilija u prahu
- 1/2 žličice mljevenog kima
- 1/2 žličice paprike
- 1/4 žličice morske soli
- 1/4 žličice crnog papra
- 4 (12-inčne) tortilje od brašna

UPUTE:
a) Stavite kriške seitana u veliku zdjelu (ako koristite pakirani seitan, ocijedite prije dodavanja u zdjelu).
b) Dodajte crvenu papriku, zelenu papriku, luk i češnjak u zdjelu sa seitanom.
c) Pokapajte ulje preko seitana i povrća i promiješajte hvataljkama za premazivanje. Dodajte čili u prahu, kumin, papriku, sol i papar, miješajući da se sjedini.
d) Prebacite smjesu u košaricu air friteze. Kuhajte na 370°F 10 do 12 minuta, protresite na pola vremena kuhanja.
e) Zagrijte tortilje u pećnici ili mikrovalnoj.
f) Sastavite fajite tako da u svaku tortilju stavite jednu četvrtinu seitana i povrća.

78.Taco salata

SASTOJCI:
- 4 (8 inča) tortilje od brašna
- 8 unci pečenog Chick'n-Style seitana ili seitana kupljenog u trgovini, grubo nasjeckanog
- 1 (15 unci) limenka pinto graha, ocijeđena i isprana
- 3/4 šalice salse
- 1/2 šalice sitno nasjeckanog luka
- 1 šalica nasjeckanog nemliječnog cheddar sira
- 2 šalice sitno narezane zelene salate
- 1 šalica sitno nasjeckanih rajčica

UPUTE:
a) Tortilje utisnite u kalupe za školjke. Staviti na stranu.
b) Stavite seitan u zdjelu srednje veličine. Dodajte grah, salsu i luk. Dobro sjediniti.
c) Podijelite smjesu od seitana između tortilja. Vjerojatno ćete moći napraviti samo 2 taco salate odjednom u velikoj fritezi i 1 u maloj fritezi. Uključite pećnicu da se zagrije kako bi se zagrijala svaka taco salata dok izlazi iz friteze.
d) Stavite onoliko kora tortilje u fritezu koliko stane. Kuhajte na 360°F 5 minuta.
e) Dodajte 1/2 šalice sira svakoj tortilji. Kuhajte na 360°F još 2 minute. Prebacite kuhane zdjelice za tortilje u pećnicu da se zagriju dok pečete sljedeći set.
f) Kada su sve zdjelice za tortilje pečene, nježno ih hvataljkama izvucite iz kalupa za tortilje na tanjur za posluživanje. Dodajte 1 šalicu narezane zelene salate i 1/2 šalice rajčice u svaku taco salatu.

79. Tempeh pržena riža

SASTOJCI:
- 8 unci tempeha
- 1/2 šalice grubo nasjeckanih shiitake gljiva
- 1/2 šalice plus 1 žlica soja umaka s niskim sadržajem natrija, podijeljeno
- 2 žlice javorovog sirupa
- 1 žličica ekstra djevičanskog maslinovog ulja
- 2 češnja češnjaka, mljevena
- 1/2 šalice ledeno hladne vode
- 2 žlice Follow Your Heart VeganEgg
- 1/4 žličice crne soli
- 1 1/2 šalice kuhane smeđe riže
- 2 žlice prehrambenog kvasca
- 1 šalica klica graha
- 1 šalica nasjeckanog kupusa
- 1 žličica čili paste

UPUTE:
a) Tempeh kuhajte na pari 10 minuta u srednjoj posudi na štednjaku (ili 1 minutu na niskom tlaku u instant loncu ili ekspres loncu; upotrijebite brzo otpuštanje). Tempeh narežite na 12 komada i prebacite u plitku posudu. Dodajte gljive.

b) U maloj posudi pomiješajte 1/2 šalice soja umaka, javorov sirup, ulje i češnjak. Tempeh i gljive prelijte marinadom. Posudu pokrijte folijom i ostavite da se marinira najmanje 30 minuta (ili preko noći).

c) Zagrijte fritezu na 390°F 5 minuta. Pomiješajte vodu, VeganEgg i crnu sol u blenderu. Marinirani tempeh i šampinjone premjestite u neprianjajuću posudu za prženje ili posudu za pečenje koja stane u vašu fritezu. Dodajte kuhanu rižu u tavu.

d) Prelijte smjesu VeganEgg preko riže. Dodajte hranjivi kvasac, klice, kupus, preostalu 1 žlicu soja umaka i čili pastu.

e) Dobro izmiješajte i utapkajte rižu. Kuhajte na 390°F 10 minuta, miješajući smjesu riže hvataljkama na pola vremena kuhanja.

80.Soy Curl Kimchee proljetne rolice

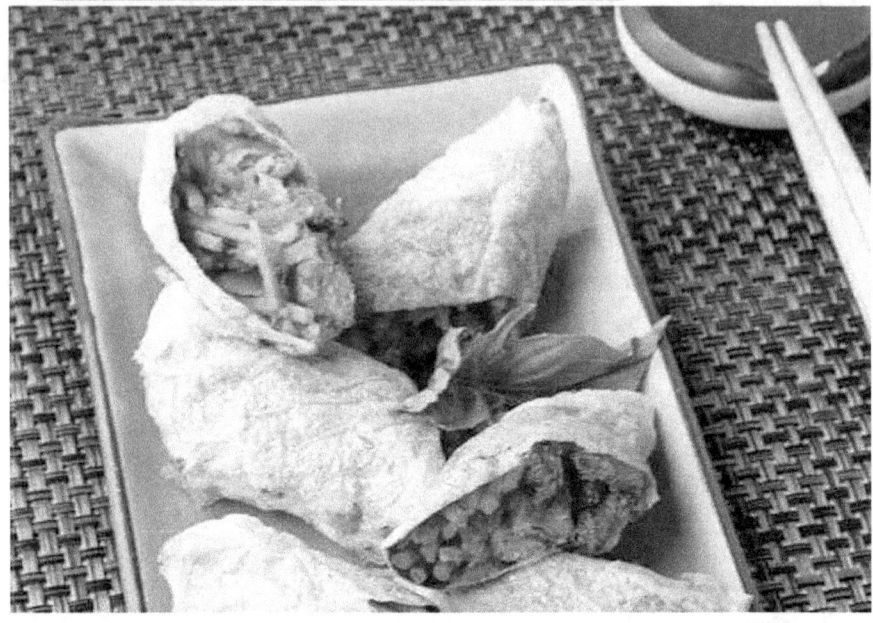

SASTOJCI:
- 1 šalica Soy Curl krumpirića ili veganskih smrznutih pilećih trakica
- 1 mala mrkva
- 4 lista svježeg bosiljka
- 1/2 šalice domaćeg ili kupovnog veganskog kimcheeja
- 4 (6 do 8 1/2-inča) lista rižinog papira
- 2 do 3 prskanja ulja kanole

UPUTE:
a) Pripremite pomfrit od soje. Ako koristite veganske pileće trakice, odmrznite ih i prerežite po dužini na pola.
b) Mrkvu narežite na štapiće, a štapiće podijelite na četvrtine.
c) Umočite 1 list rižinog papira u toplu vodu na 5 sekundi ili dok se ne navlaži. Stavite vlažni rižin papir na radnu površinu i ostavite ga 30 sekundi ili dok ne postane savitljiv. Stavite 1 list bosiljka na rižin papir. Dodajte jednu četvrtinu štapića mrkve, 2 žlice kimcheeja i 1/4 šalice Soy Curl krumpirića.
d) Zarolajte rižin papir povlačeći rub od daske za rezanje. Rolati preko nadjeva skupljajući i uvlačeći fil ispod omota, motati dok ne dođete do kraja papira. Ponavljajte ovaj postupak dok ne napravite 4 proljetne rolice.
e) Poprskajte 1 do 2 mlaza ulja kanole na košaru friteze. Stavite proljetne rolice u košaricu friteze i pošpricajte vrh rolica s preostala 1 do 2 prskanja uljem. Kuhajte na 400°F 6 minuta, protresite na pola vremena kuhanja.

81.Tepsija za lazanje

SASTOJCI:
- 1 manja tikvica
- 1 mala žuta tikva
- 1 srednji luk
- 1 velika crvena paprika
- 5 unci nemliječnog bivoljeg sira mozzarella
- 1/4 šalice narezanih crnih maslina sušenih na ulju bez koštica
- 1 žličica sušenog bosiljka
- 1 žličica morske soli
- 1/2 žličice sušenog origana
- 1/4 žličice pahuljica crvene paprike
- 1/4 žličice mljevenog crnog papra
- 1 (15 unci) konzerva umaka od rajčice
- 1/4 šalice nasjeckanog nemliječnog parmezana

UPUTE:
a) Narežite tikvice i žutu tikvicu uzdužno na trakice debljine 1/8 do 1/4 inča. Oboje podijeliti na dva dijela.
b) Luk narežite na ploške polumjeseca. Kriške podijelite na tri dijela. Papriku izrežite uzdužno na trake od 1 1/2 inča. Podijelite trake na tri dijela.
c) Narežite mozzarellu na kockice od 1/4 inča. Prebacite kockice u manju zdjelu i dodajte masline, bosiljak, sol, origano, ljuskice crvene paprike i papar. Dobro sjediniti i smjesu podijeliti na tri dijela.
d) Zagrijte fritezu na 360°F 5 minuta. Raširite 1/2 šalice umaka od rajčice na dno posude za pečenje od 6 do 7 inča. Složite po jedan dio tikvica, tikve, luka i paprike na vrh umaka od rajčice. Dodajte prvu trećinu smjese od mozzarelle. Ponovite ovaj postupak za još 2 sloja. Gornji sloj pospite parmezanom.
e) Pokrijte posudu za pečenje folijom, prebacite u fritezu i pecite na 360°F 15 minuta. Otklopite i kuhajte još 10 minuta.

82. Krumpir, klice i sojine kovrče

SASTOJCI:

- 1 veliki crvenocrveni krumpir, izrezan na kockice od 1/2 inča
- 1 1/2 žličice ulja kanole, podijeljeno
- 1/2 žličice morske soli
- 1/4 žličice crnog papra
- 2 šalice suhih sojinih kovrča
- 2 šalice tople vode
- 16 unci prokulice, obrezane i prepolovljene po dužini
- 1 žličica balzamičnog octa
- 1 1/2 žličice granula veganskog goveđeg bujona
- 1 žličica mljevenog kima
- 1 žličica čilija u prahu
- 1 žličica sušenog kopra
- 1 žlica brašna od slanutka
- 1 žlica kukuruznog škroba

UPUTE:

a) Ubacite krumpir u 1/2 žličice ulja, posolite i popaprite te prebacite u fritezu. Kuhajte na 400°F 10 minuta. U srednjoj zdjeli rehidrirajte Soy Curls u toploj vodi 10 minuta. U srednjoj zdjeli pomiješajte prokulice s 1/2 žličice ulja kanole i octa.

b) Kada se friteza oglasi zvučnim signalom nakon 10 minuta, prebacite prokulice u fritezu s krumpirima. Protresite i kuhajte na 400°F 3 minute.

c) Ocijedite sojine kovrče, prebacite ih natrag u zdjelu i pomiješajte s granulama bujona, kuminom, čilijem u prahu, koprom, brašnom od slanutka, kukuruznim škrobom i preostalom 1/2 žličice uljane repice.

d) Kada se friteza oglasi zvučnim signalom nakon 3 minute, prebacite obložene sojine kovrče u košaru s krumpirom i prokulicama.

e) Protresite i postavite tajmer na 15 minuta. Protresite svakih 5 minuta.

83.Calzone

SASTOJCI:
- 4 unce pripremljenog tijesta za pizzu ili kupljenog tijesta za vegansku pizzu
- 1/4 šalice naribanog nemliječnog sira mozzarella
- 1/4 šalice narezanih gljiva
- 1/4 šalice narezanog luka
- 2 unce veganskih mrvica od seitana u talijanskom stilu ili veganskih feferona
- 1/4 šalice umaka za pizzu
- 1/2 žličice sušenog origana
- 1/2 žličice sušenog bosiljka
- 1/2 šalice slobodno upakiranih listova mladog špinata
- 2 do 3 prskanja ekstra djevičanskog maslinovog ulja ili ulja uljane repice

UPUTE:
a) Ostavite tijesto za pizzu da se zagrije na sobnu temperaturu. Rukom pritisnite ili razvaljajte tijesto na oko 10 inča.
b) Ako koristite umetak za roštilj, postavite ga unutar friteze. Prethodno zagrijte fritezu na 390°F.
c) Slažite slojeve na jednu polovicu razvaljanog tijesta. Počnite sa sirom, zatim dodajte gljive, luk, mrvice od seitana, umak za pizzu, origano, bosiljak i špinat. Drugu polovicu tijesta preokrenite preko nadjeva. Zgužvajte rubove povlačenjem donjeg sloja tijesta preko gornjeg sloja.
d) Izrežite tri male kriške na gornjem dijelu tijesta da se odzrače. Pošpricajte uljem umetak za roštilj ili košaru friteze. Pomoću velike lopatice prebacite calzone u košaru friteze. Poprskajte vrh calzonea s dodatnim uljem.
e) Pecite na 390°F 7 do 8 minuta, dok korica ne porumeni. Gurnite calzone na dasku za rezanje ili tanjur za posluživanje. Narežite na 2 dijela i poslužite.

84. Pržene sushi rolice

SASTOJCI:
- 4 (6 do 8 1/2-inča) lista rižinog papira
- 4 (8 x 7 inča) lista nori
- 1/4 šalice riže za sushi kuhane na sobnoj temperaturi
- 1/4 šalice odmrznutog edamama
- 1 šalica tanko narezane crvene paprike, mrkve i jicama
- 1 do 2 prskanja ulja avokada ili ekstra djevičanskog maslinovog ulja

UPUTE:
a) Umočite 1 list rižinog papira u toplu vodu oko 5 sekundi ili dok se ne navlaži. Stavite vlažni rižin papir na radnu površinu i ostavite ga 30 sekundi ili dok ne postane savitljiv.
b) Stavite 1 nori list na vlažni rižin papir. Žlicom stavite 1 žlicu sushi riže na nori list, praveći crtu s rižom. Žlicom stavite 1 žlicu edamamea na nori list pored riže, oblikujući još jednu liniju. Pomiješajte 1/4 šalice narezane mješavine povrća uz rižu i edamame.
c) Zarolajte rižin papir povlačeći rub od daske za rezanje. Prevaljajte nadjev dok skupljate i uvlačite nori list i nadjev ispod rižinog papira, motajte dok ne dođete do kraja papira. Ponavljajte ovaj postupak dok ne napravite 4 rolice.
d) Stavite rolice u košaricu air friteze. Rolice poprskati uljem. Kuhajte na 390°F 5 minuta, protresite na pola vremena kuhanja.

PRILOZI

85.Air Fryer Cvjetača

SASTOJCI:
- 3/4 žlice ljutog umaka
- 1 žlica ulja avokada
- Posolite po ukusu
- 1 srednja glavica cvjetače narezana na komade oprana i potpuno osušena

UPUTE:
a) Prethodno zagrijte fritezu na 400F / 200C
b) Pomiješajte ljuti umak, bademovo brašno, ulje avokada i sol u velikoj zdjeli.
c) Dodajte cvjetaču i miješajte dok se ne prekrije.
d) Dodajte polovicu cvjetače u zračnu fritezu i pržite 1215 minuta (ili dok ne postane hrskava na rubovima s malim zalogajem, ili dok ne postigne željenu pečenost).
e) Obavezno otvorite fritezu i protresite košaru za prženje 23 puta kako bi se cvjetača okrenula. Izvadite i ostavite sa strane.
f) Dodajte drugu količinu, ali je kuhajte 23 minute manje .
g) Poslužite tople (iako se mogu poslužiti i hladne) s nekim ekstra ljutim umakom za umakanje.

86. Jicama pomfrit

SASTOJCI:
- 8 šalica Jicama, oguljenih, nasjeckanih na tanke šibice
- 2 žlice maslinovog ulja
- 1/2 žličice češnjaka u prahu
- 1 žličica kumina
- 1 žličica morske soli
- 1/4 žličice crnog papra

UPUTE:
a) Zakuhajte veliki lonac vode na štednjaku. Dodajte krumpiriće jicama i kuhajte 12 do 15 minuta dok više ne budu hrskavi.
b) Kada jicama više ne budu hrskave, izvadite ih i osušite.
c) Postavite pećnicu na 400 stupnjeva i pustite je da se zagrijava 2 do 3 minute. Podmažite rešetke friteze ili košare koje ćete koristiti.
d) Pomfrit stavite u veliku zdjelu zajedno s maslinovim uljem, češnjakom u prahu, kuminom i morskom soli. Bacite na kaput.

87. Ćevapi od povrća

SASTOJCI:

- 1 šalica (75 g) gljiva
- 1 šalica (200 g) rajčica grožđa
- 1 manja tikvica narezana na kockice
- 1/2 žličice mljevenog kima
- 1/2 paprike narezane na ploške
- 1 manja glavica luka narezana na kockice (ili 34 male ljutike prepolovljene)
- Posolite po ukusu

UPUTE:

a) namočite u vodi najmanje 10 minuta prije upotrebe.
b) Prethodno zagrijte fritezu na 390F / 198C.
c) Na ražnjiće nanizati povrće.
d) Stavite ražnjiće u fritezu i pazite da se ne dodiruju. Ako je košarica friteze mala, možda ćete morati odrezati krajeve ražnjića da pristaju.
e) Kuhajte 10 minuta, okrećući na pola vremena kuhanja. Budući da temperature friteze mogu varirati, počnite s kraćim vremenom, a zatim dodajte više prema potrebi.
f) Prebacite vege ćevape na tanjur i poslužite.

88. Špageti squash

SASTOJCI:
- 1 (2 lbs.) špageti tikve
- 1 šalica vode
- Cilantro za posluživanje
- 2 žlice svježeg cilantra za ukrašavanje

UPUTE:
a) Tikvu prerežite na pola. Uklonite im sjemenke iz sredine.
b) Ulijte šalicu vode u umetak instant lonca i stavite podnožje unutra.
c) Posložite dvije polovice tikve preko podloge, s kožom prema dolje.
d) Pričvrstite poklopac i odaberite "Ručno" s visokim pritiskom 20 minuta.
e) Nakon zvučnog signala, napravite prirodno otpuštanje i uklonite poklopac.
f) Izvadite tikvu i pomoću dvije vilice je natrgajte iznutra.
g) Po potrebi poslužite s pikantnim nadjevom od svinjetine.

89.Salata od krastavaca i kvinoje

SASTOJCI:
- ½ šalice kvinoje, isprane
- ¾ šalice vode
- ¼ žličice soli
- ½ mrkve, oguljene i nasjeckane
- ½ krastavca, nasjeckanog
- ½ šalice smrznutog edamama, odmrznutog
- 3 zelena luka, nasjeckana
- 1 šalica nasjeckanog crvenog kupusa
- ½ žlice soja umaka
- 1 žlica soka od limete
- 2 žlice šećera
- 1 žlica biljnog ulja
- 1 žlica svježe naribanog đumbira
- 1 žlica sezamovog ulja
- prstohvat listića crvene paprike
- ½ šalice nasjeckanog kikirikija
- ¼ šalice svježe nasjeckanog cilantra
- 2 žlice nasjeckanog bosiljka

UPUTE:
a) Dodajte kvinoju, sol i vodu u instant lonac.
b) Učvrstite poklopac i odaberite funkciju "Ručno" s visokim pritiskom na 1 minutu.
c) Nakon zvučnog signala, brzo otpustite i uklonite poklopac.
d) U međuvremenu dodajte preostale sastojke u zdjelu i dobro promiješajte.
e) U pripremljenu smjesu dodajte kuhanu kvinoju i dobro ih promiješajte.
f) Poslužite kao salatu.

90.Limeta krumpir

SASTOJCI:
- ½ žlice maslinovog ulja
- 2 ½ srednja krumpira, oguljena i narezana na kockice
- 1 žlica svježeg ružmarina, nasjeckanog
- Svježe mljeveni crni papar po ukusu
- ½ šalice juhe od povrća
- 1 žlica svježeg soka od limuna

UPUTE:
a) Stavite ulje, krumpir, papar i ružmarin u instant lonac.
b) Pirjajte 4 minute uz stalno miješanje.
c) Dodajte sve preostale sastojke u instant lonac.
d) Osigurajte poklopac i odaberite funkciju "Ručno" na 6 minuta visokotlačni.
e) Brzo otpustite nakon zvučnog signala, a zatim uklonite poklopac.
f) Lagano promiješajte i poslužite toplo.

91.Patlidžani u azijskom stilu

SASTOJCI:
- 1 funta narezanih patlidžana
- 2 žlice soja umaka bez šećera
- 6 žlica sezamovog ulja
- 1 žlica sjemenki sezama za posluživanje
- Posolite i popaprite po ukusu

UPUTE:
a) Prethodno zagrijte svoj Air Fryer uređaj na 185 stupnjeva F
b) Sve sastojke stavite u vakuumsku vrećicu.
c) Zatvorite vrećicu, stavite je u vodenu kupelj i postavite tajmer na 50 minuta.
d) Kad vrijeme istekne, pržite patlidžane u tavi od lijevanog željeza nekoliko minuta.
e) Poslužite odmah posuto susamom.

92. Začinjeni zeleni grah na kineski način

SASTOJCI:
- 1 funta dugih zelenih mahuna
- 2 žlice čili umaka
- 2 režnja češnjaka, mljevena
- 1 žlica luka u prahu
- 1 žlica sezamovog ulja
- Posolite po ukusu
- 2 žlice sjemenki sezama za posluživanje

UPUTE:
a) Prethodno zagrijte svoj Air Fryer uređaj na 185 stupnjeva F.
b) Stavite sastojke u vakuumsku vrećicu.
c) Zatvorite vrećicu, stavite je u vodenu kupelj i postavite tajmer na 1 sat.
d) Mahune pospite sezamom i poslužite.

93. Mješavina patlidžana i tikvica sa začinskim biljem

SASTOJCI:
- 1 patlidžan; grubo kockica
- 3 tikvice; grubo kockica
- 2 žlice soka od limuna
- 1 žličica majčine dušice; suho
- Sol i crni papar po ukusu
- 1 žličica origana; suho
- 3 žlice maslinovog ulja

UPUTE:
a) Stavite patlidžan u posudu koja odgovara vašoj fritezi, dodajte tikvice, limunov sok, sol, papar, majčinu dušicu, origano i maslinovo ulje, pomiješajte, stavite u fritezu i kuhajte na 360 °F, 8 minuta
b) Podijelite na tanjure i odmah poslužite.

94. Kuhani Bok Choy

SASTOJCI:
- 1 češanj češnjaka, zdrobljen
- 1 vezica bok choya, obrezana
- 1 šalica ili više vode
- Posolite i popaprite po ukusu

UPUTE:
a) Dodajte vodu, češnjak i bok choy u instant lonac.
b) Pričvrstite poklopac i odaberite funkciju "Ručno" na 7 minuta s visokim pritiskom.
c) Nakon zvučnog signala, brzo otpustite i uklonite poklopac.
d) Kuhani bok choy procijedite i prebacite na pladanj.
e) Po vrhu pospite malo soli i papra.
f) Poslužiti.

DESERT

95. Fruit Crumble

SASTOJCI:
- 1 srednja jabuka, sitno narezana na kockice
- 1/2 šalice smrznutih borovnica, jagoda ili breskvi
- 1/4 šalice plus 1 žlica smeđeg rižinog brašna
- 2 žlice šećera
- 1/2 žličice mljevenog cimeta
- 2 žlice nemliječnog maslaca

UPUTE:
a) Zagrijte fritezu na 350°F 5 minuta.
b) Pomiješajte jabuke i smrznute borovnice u posudi za pečenje ili ramekinu za prženje.
c) U maloj zdjeli pomiješajte brašno, šećer, cimet i maslac. Žlicom pospite mješavinu brašna preko voća.
d) Sve pospite s malo dodatnog brašna da prekrijete izloženo voće.
e) Kuhajte na 350°F 15 minuta.

96.Džepići od voćnog tijesta

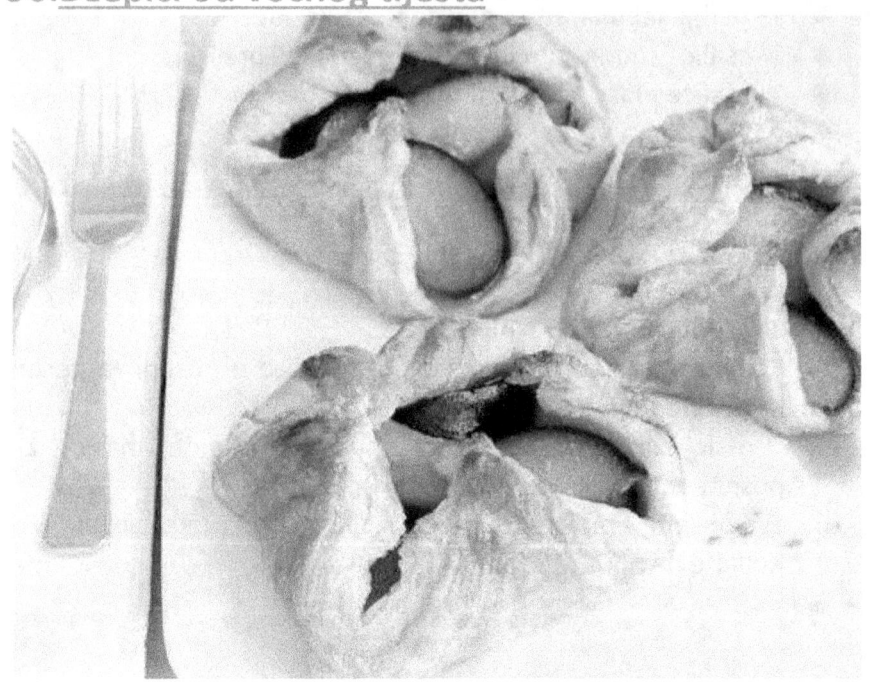

SASTOJCI:
- 4 unce veganskog polumjesečastog tijesta
- 1 žlica nebijeljenog višenamjenskog brašna
- 6 unci svježih borovnica, jagoda ili kupina
- 1/2 žličice granuliranog šećera
- 1/4 žličice mljevenog kardamoma
- 1/4 žličice mljevenog đumbira
- 1 žličica šećera u prahu

UPUTE:
a) Tijesto za roladu polumjesec podijeliti na 4 jednaka dijela. Pospite brašnom radnu površinu i razvaljajte komade tijesta na komade veličine 5 x 5 inča, koristeći više brašna po potrebi da se ne zalijepe.
b) U srednjoj zdjeli pomiješajte borovnice, šećer, kardamom i đumbir.
c) Zagrijte fritezu na 360°F 4 minute. Žlicom stavite otprilike 1/3 šalice mješavine borovnica na svaki komad tijesta. Savijte svaki kut prema sredini.
d) Obradite rubove tijesta kako biste bili sigurni da je zatvoreno; podsjećat će na džep. Kuhajte na 360°F 6 do 7 minuta ili dok ne porumene.
e) Prije posluživanja džepiće od tijesta pospite šećerom u prahu.

97. Pečene jabuke

SASTOJCI:
- 1/2 šalice valjane zobi
- 1 žličica smeđeg šećera
- 1 žlica nemliječnog maslaca, omekšalog
- 1 žlica grubo nasjeckanih pekan oraha
- 1 žličica mljevenog cimeta
- 4 velike jabuke Granny Smith ili druge jabuke za pečenje, bez sredice

UPUTE:
a) Zagrijte fritezu na 360°F 5 minuta.
b) U maloj zdjeli pomiješajte zobene zobi, smeđi šećer, maslac, pekan orahe i cimet.
c) Malom žličicom punite jabuke smjesom od zobi. Kuhajte na 360°F 20 do 25 minuta.

98. Karamelizirani preljev od voća i orašastih plodova

SASTOJCI:
- 1 žličica šećera
- 1 žličica svijetlog agavinog sirupa
- 1 žličica nemliječnog maslaca
- 1/2 šalice krupno nasjeckanih oraha
- 1/2 šalice grubo nasjeckanih pekan oraha
- 1/2 šalice grubo nasjeckanih suhih marelica, trešanja, brusnica ili grožđica
- 1/4 žličice mljevenog cimeta

UPUTE:
a) Pomiješajte šećer, agavin sirup i maslac u posudi za pečenje u fritezi.
b) Zagrijte tavu u fritezi 2 minute na 360°F. Izvadite iz friteze.
c) Dodajte orahe, pekan orahe, marelice i cimet. Bacite na kaput. Vratite posudu u košaru friteze.
d) Kuhajte na 390°F 5 minuta, miješajući 3 minute.

99. Prženi đumbir-O's

SASTOJCI:
- 3/4 šalice veganske smjese za instant palačinke
- 2/3 šalice vode
- 1/4 šalice sojinog brašna
- 1/8 žličice ekstrakta vanilije
- 1/2 žličice šećera
- 8 Newman's Own Ginger-O's sendvič kolačića

UPUTE:
a) Zagrijte fritezu na 390°F 5 minuta. Stavite komad papira za pečenje na košaru friteze; tek toliko da pokrije dno i bez izloženog viška.
b) U velikoj zdjeli pomiješajte smjesu za palačinke, vodu, sojino brašno, vaniliju i šećer, dobro promiješajte.
c) Umočite kekse u tijesto jedan po jedan pomoću hvataljki. Otresite višak tijesta i prebacite kolačiće u košaricu friteze. Možda ćete to morati raditi u serijama, ovisno o veličini vaše friteze.
d) Kuhajte na 390°F 5 minuta. Okrenite kolačiće, uklanjajući papir za pečenje. Kuhajte još 2 do 3 minute. Kolačići su gotovi kada porumene.

100.Pita od jabuka Taquitos

SASTOJCI:
- 2 do 3 prskanja ulja kanole
- 1/4 šalice nadjeva za pitu od jabuka ili krupnog umaka od jabuka (slijedi)
- 2 (6 inča) kukuruzne tortilje
- 1 čajna žličica mljevenog cimeta, podijeljena

UPUTE:
a) Pošpricajte košaru friteze uljem.
b) Na 1 tortilju rasporedite 2 žlice nadjeva za pitu. Zarolajte tortilju i stavite je u košaricu friteze.
c) Ponovite ovaj postupak za izradu drugog taquita. Poprskajte još ulja po vrhu tortilja. Pospite 1/2 žličice cimeta po taquitosima.
d) Kuhajte na 390°F 4 minute. Okrenite taquitoe, pospite ih preostalom 1/2 žličice cimeta i kuhajte još 1 minutu.

ZAKLJUČAK

Dok završavamo naše divno putovanje kroz "Savršena kuharica za vegansku fritezu", nadamo se da ste iskusili radost stvaranja brzih i jednostavnih, zdravih veganskih obroka uz pogodnost svoje friteze. Svaki recept na ovim stranicama slavljenje je dobrote biljnog porijekla, učinkovitosti i ukusnih mogućnosti koje friteza donosi u vašu kuhinju — svjedočanstvo zdravo osviještenih užitaka prepunih okusa veganskog kuhanja.

Bilo da ste uživali u jednostavnosti povrća prženog na zraku, prihvatili inovaciju biljnih hamburgera ili ste se oduševili slasticama prženim na zraku bez grižnje savjesti, vjerujemo da su ovi recepti zapalili vašu strast prema veganskoj kuhinji prženoj na zraku. Osim sastojaka i tehnika, neka koncept ultimativne kuharice veganske friteze postane izvor inspiracije, učinkovitosti i proslave radosti koja dolazi sa svakom hranjivom i ukusnom kreacijom.

Dok nastavljate istraživati svijet veganskog kuhanja prženih na zraku, neka vam "Savršena kuharica za vegansku fritezu" bude pouzdani suputnik, koji će vas voditi kroz niz recepata koji prikazuju jednostavnost i zdravost kuhinje bazirane na bilju. Evo za uživanje u brzim i jednostavnim, zdravim veganskim obrocima, stvaranju kulinarskih remek-djela i prihvaćanju ukusa koji dolazi sa svakim užitkom prženim na zraku. Dobar tek!

www.ingramcontent.com/pod-product-compliance
Lightning Source LLC
LaVergne TN
LVHW021709060526
838200LV00050B/2572